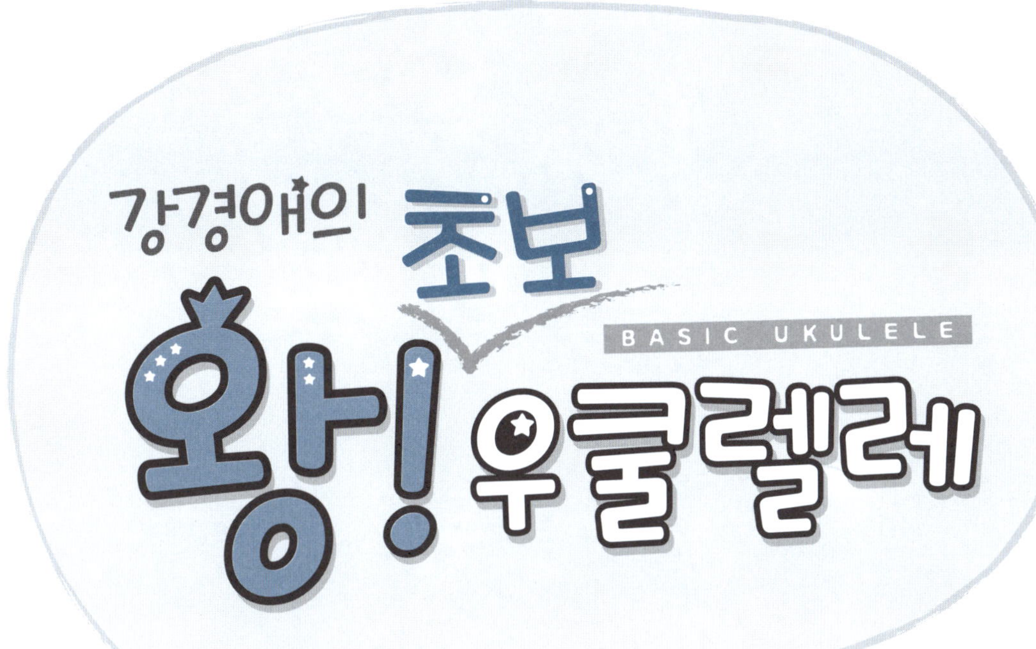

samhoETM

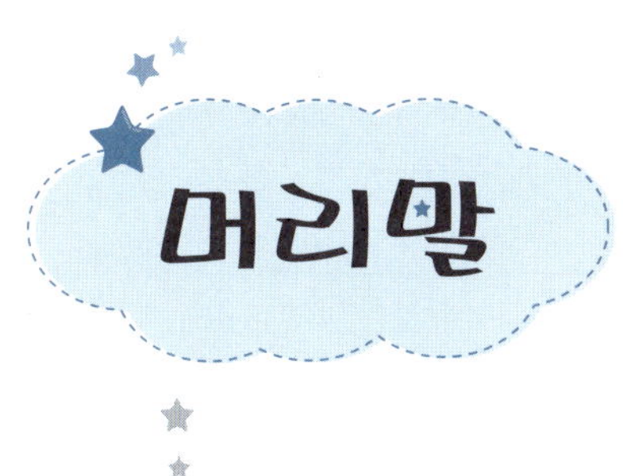

　필자는 소중한 가족이자 친구이기도 했던 반려동물을 예기치 못한 사고로 잃게 되었습니다. 그 이후로 오랜 시간을 나 때문이라는 자책감에 괴로워하며 아픈 시간을 보내고 있을 때, 상처받은 마음을 어루만져 주고 다시 세상 밖으로 나오게 해 준 것은 바로 음악과 그 음악을 함께 하는 사람들이었습니다.

　이렇게 음악은 마음에 상처를 받은 이들에게는 따뜻한 손길로 그 아픔을 치유해 주고, 홀로 외로운 사람들에게는 든든한 친구가 되어주며, 행복을 꿈꾸는 사람들에게는 더 큰 흥겨움과 즐거움을 안겨다 줍니다. 우리들의 삶을 따뜻하고 풍요롭게 해주는 이 음악을 세상의 모든 사람들이 함께 할 수 있다면, 이 세상이 얼마나 아름답고 평화로워질까요?

　우쿨렐레라는 이 자그마한 악기는 소수의 사람들만이 즐길 수 있는 악기가 아니라 남녀노소 누구나 쉽고 재미있게 배울 수 있는 매력적인 악기입니다. 음악과 함께 악기를 접해보지 못했던 분들도 쉽게 배울 수 있습니다. 많은 분들이 우쿨렐레의 보급과 발전을 위해서 노력을 하고 있지만, 아직 국내에서는 체계적이면서도 다양한 책이 부족한 것이 현실입니다. 이러한 부분을 항상 안타깝게 생각하던 필자는 악기를 처음 배우는 사람들의 눈높이에 맞는 스몰스텝(Small Step)식의 교재에 대한 필요성을 느끼게 되었습니다.

　이 책은 음악의 3요소인 리듬, 가락, 화성을 친숙한 동요와 함께 즐겁고 쉽게 익힐 수 있도록 엮은 입문용 교재입니다. 미흡하나마 저의 이런 노력이 밑거름이 되어 많은 분들이 행복한 마음과 따뜻한 미소로 살아갈 날들을 꿈꿔 봅니다.

　이 책이 출간되기까지 항상 저를 믿어주고 지켜봐 주신 부모님, 용기를 잃지 않도록 격려와 도움을 주신 박한별님, 윤한덕님, 김정화님, 리디안 앙상블 단원 여러분, 삼호 ETM 관계자분들과 환영씨, 그리고 사진 촬영에 큰 도움을 주신 태양사진연구소의 류재형 작가님께 깊이 감사드립니다. 이 세상의 모든 사람들이 풍요롭고도 행복한 삶을 누릴 수 있도록 열정과 진심으로 신명을 다해 살아갈 것을 다시 한번 다짐합니다.

　끝으로 무지개 다리 저편에서 하늘의 별이 되어 항상 저를 지켜주며 응원하고 있을 우리 아롱이와 음악을 사랑하는 이 세상의 모든 분들에게 이 책을 바칩니다.

2010. 11　강경애

차 례
Contents

★ 우쿨렐레의 기원

19세기말(1879년) 사탕수수 농장에서 일하던 포르투갈 이주민들이 하와이 호놀룰루 항에 도착했을 때 긴 여정을 마치는 축하파티에서 페르난데스(Fernandes)라는 사람이 포르투갈의 작은 현악기인 브라기니아(Braguinha)로 그들의 곡을 연주하였습니다.

그의 연주를 지켜본 하와이의 원주민들은 지판 위에서 현란하게 움직이는 그의 손놀림을 보고 마치 벼룩이 톡톡 튀는 듯한 느낌을 받아 하와이어로 Uku(벼룩)-LeLe(톡톡 튄다) 즉, '벼룩이 튄다' 라는 이름이 만들어졌다고 합니다. 그 후 우쿨렐레(Ukulele)는 하와이의 민속악기로 자리매김하게 되었으며, 오늘날에는 많은 연주자들의 등장과 함께 세계적인 악기로 각광을 받고 있습니다.

★ 우쿨렐레의 구조와 명칭

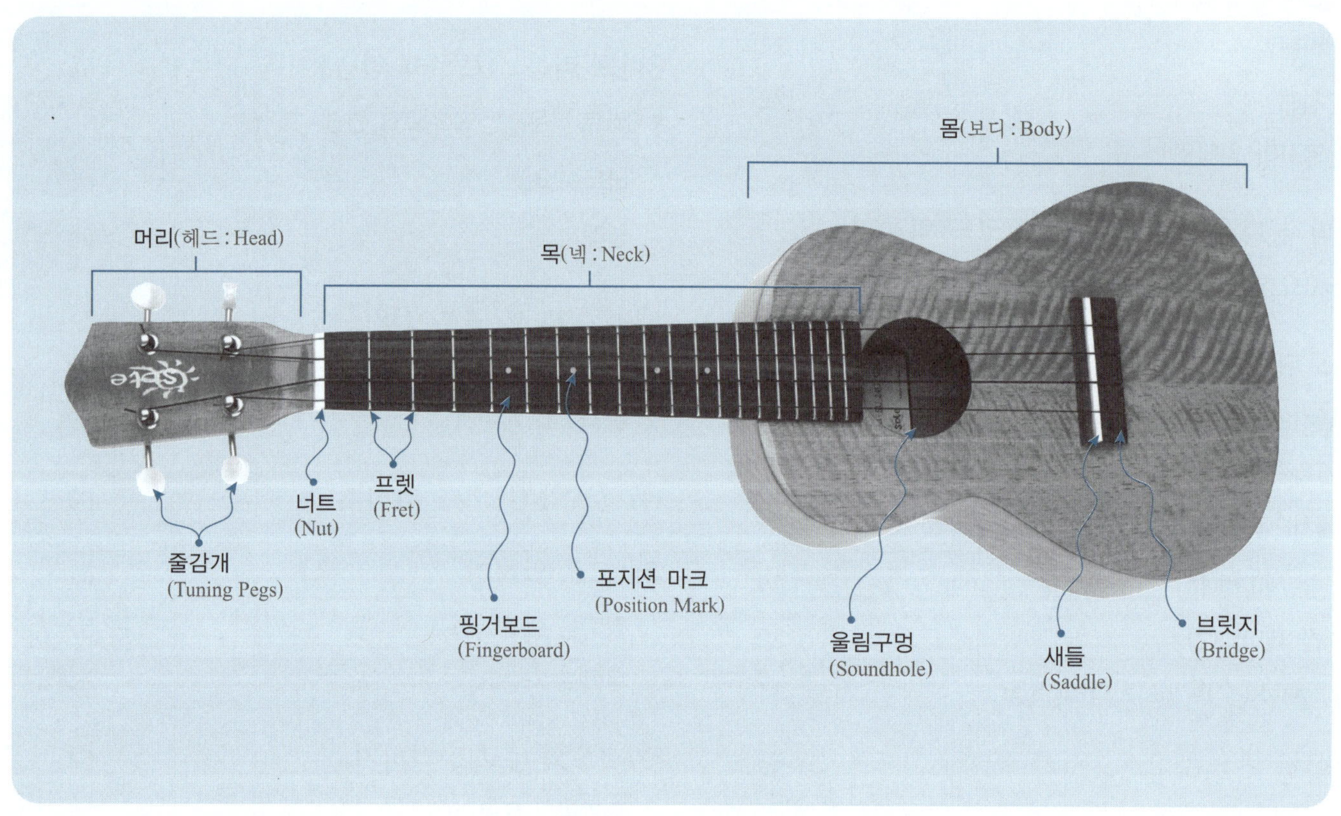

각 부분의 역할

- 줄감개 : 기어를 돌려서 줄을 조절하고 음정을 조율하는 역할을 합니다.
- 너트(상현주) : 헤드와 넥의 경계부분에 위치하여 줄을 받쳐주는 역할을 하며, 0프렛이기도 합니다.
- 프렛 : 핑거보드에 박혀 있는 금속으로 줄을 누르는 위치를 나타내며 음정을 결정하는 역할을 합니다.
- 핑거보드 : 연주할 때 손가락이 닿는 부분으로 보통은 넥과 다른 나무를 사용합니다.
- 포지션 마크 : 프렛의 위치를 판단하기 쉽도록 핑거보드 위에 그려놓은 표시입니다.
- 울림구멍 : 몸통 안에서 울리는 소리가 빠져나오는 곳입니다.
- 새들(하현주) : 브릿지 위에서 줄을 지탱함과 동시에 핑거보드 위로 올려 주는 역할을 합니다.
- 브릿지 : 줄을 보디에 고정시키며, 줄의 진동을 보디로 전해주는 역할을 합니다.

⭐ 우쿨렐레의 종류

우쿨렐레의 형태는 여러 가지가 있는데 아래 사진에서 보는 것처럼 오리지널 형과 파인애플 형이 대표적이라 할 수 있습니다. 그중에서 오리지널 형을 주로 사용합니다.

이 밖에도 악기의 크기에 따라 소프라노〈콘서트〈테너〈바리톤 우쿨렐레로 나뉩니다. 가장 작은 크기의 소프라노 우쿨렐레는 주로 반주용으로 많이 사용되며 통통 튀는듯한 예쁜 음색이 매력적입니다. 중간 크기의 콘서트 우쿨렐레는 반주용과 독주용으로 두루 사용되므로 초보자가 사용하기에 무난합니다. 또 콘서트 보다 좀 더 큰 테너 우쿨렐레는 크기가 커진 만큼 음량이 크므로 독주용 연주에 많이 사용됩니다.

가장 두드러진 차이는 둘 사이의 크기와 줄의 개수입니다. 우쿨렐레는 4줄 악기이고 기타는 6줄 악기입니다. 우쿨렐레를 처음 배우는 사람들이 가장 많이 질문하는 것 중의 하나가 기타와 코드가 다르냐는 질문인데, 엄밀히 말하면 같다고 하는 것이 옳을 것입니다. 기타의 지판 안에서 만들어 지는 코드는 실로 무수하게 많습니다. 우쿨렐레의 코드는 기타의 5~6번 줄을 제거하고 너트 부분에서부터 4개의 프렛을 제거한 뒤에 생성되는 코드와 같기 때문에 기타의 5프렛에 카포(Capo)를 꽂은 형태로 이해할 수도 있습니다.

기타와 우쿨렐레의 비교

이런 이유로 기타를 일정 수준 연주하는 사람은 우쿨렐레를 쉽게 배울 수 있고, 반대로 우쿨렐레를 먼저 배운 사람은 나중에 기타를 배울 때 기타를 처음 배우는 사람들 보다 쉽게 배울 수 있는 것입니다. 외국의 경우 유명한 기타의 대가들은 아주 어린 시절에 처음 잡은 악기가 우쿨렐레였다고 합니다.

⭐ 악기의 선택

　예전에 비해 많은 사람들이 우쿨렐레에 관심을 갖게 되었고 그로 인해 급속히 대중화되고 있어 다양한 종류의 악기가 많이 생산되고 있습니다. 좋은 악기를 구입하기 위해 유의할 점이 무엇인지 알아보겠습니다.

- 신뢰할 수 있는 회사의 제품인지 A/S는 가능한지의 여부를 확인합니다.
- 음정이 각 프렛마다 정확한지, 연주시 버징(지지징 하며 잡음이 생기는 현상)이 나지는 않는지를 확인합니다.
- 외관상 악기의 마무리가 잘 되었는지 확인합니다. 실금이 가거나 깨진 곳은 없는지 접착된 부분이 깔끔한지 구입하기 전에 확인하는 것이 좋습니다.
- 핑거보드의 상태가 매끄럽고 왼손 손가락의 연주가 편안한지의 여부도 확인합니다.

⭐ 악기의 관리

- 심한 습기나 건조함, 열, 직사광선, 충격 등에 주의합니다.
- 사용 후에는 마른 고운 헝겊(카메라나 안경을 닦는 헝겊)으로 악기 전체를 깨끗이 닦고 케이스에 넣어 보관합니다.
- 악기의 줄(현)은 우쿨렐레 전용 줄을 사용합니다.
- 장시간 사용하지 않을 때나 장거리 운반을 할 경우에는 줄을 약간 느슨하게 풀어 놓는 것이 좋습니다.
- 악기의 상대 습도는 사계절 50~60%를 유지합니다.

　겨울철에는 악기가 건조해지기 쉬우므로 관리에 더욱 주의가 필요합니다. 건조 상태가 심할 경우 우쿨렐레의 지판과 보디가 변형될 가능성이 크므로 습도 유지가 필수이며, 습도를 적절히 유지하기 위해 댐핏(롤 스폰지)을 사용하기도 합니다. 여름철에는(특히 장마철) 습도가 80%까지 올라가기도 하므로 제습을 위해 실리카겔을 사운드 홀 안에 넣어두면 좋습니다.

⭐ 우쿨렐레 튜닝하기

　각 줄의 음을 정확한 높이의 음정으로 맞추는 것을 튜닝이라고 합니다. 아무리 연주를 멋지게 한다고 해도 튜닝이 되어 있지 않으면 좋은 소리를 기대할 수 없습니다. 그러므로 악기를 연주하기 전에 항상 제대로 튜닝하는 습관을 들이도록 합니다. 우쿨렐레의 줄은 4번줄 G(솔), 3번줄 C(도), 2번줄 E(미), 1번줄 A(라)의 음높이로 튜닝합니다. 이때 피아노나 조율피리의 소리를 듣고 튜닝하는 방법도 있지만, 소리의 진동을 감지하여 튜닝할 수 있는 디지털 방식의 집게형 튜너를 사용하면 편리하게 튜닝할 수 있습니다. 집게형 튜너는 주변의 소리에 영향을 받지 않으며 빠르고 정확하게 튜닝할 수 있어서 초보자와 연주자에게 유용하게 쓰이고 있습니다. 집게형 튜너는 악기의 헤드 부분에 꽂아서 사용합니다.

▌High-G와 Low-G

  High-G(하이-지)는 주로 노래 반주용으로 사용하고, 저음이 보강되어 음량이 풍부한 Low-G(로우-지)는 독주용으로 사용합니다. 우쿨렐레 전용 Low-G줄을 구하기 어려울 경우 클래식 기타의 4번줄(Light Gage)을 사용하기도 합니다.

▌피아노로 튜닝하기

▌순차적인 음높이와 우쿨렐레 줄의 관계

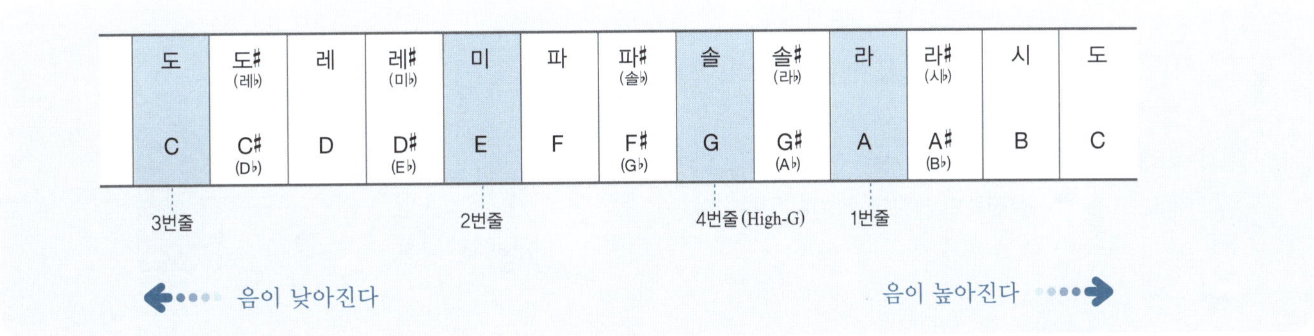

도	도#(레♭)	레	레#(미♭)	미	파	파#(솔♭)	솔	솔#(라♭)	라	라#(시♭)	시	도
C	C#(D♭)	D	D#(E♭)	E	F	F#(G♭)	G	G#(A♭)	A	A#(B♭)	B	C
3번줄				2번줄			4번줄 (High-G)		1번줄			

▍집게형 튜너를 사용해서 튜닝하기

현악기의 줄은 줄감개를 조이면 음높이가 올라가고 풀면 음높이가 내려갑니다. 먼저 4번줄의 솔(High-G)을 튜닝해 봅시다. 4번줄을 왼손으로 아무것도 누르지 않은 상태(개방현)에서 뚱겼을 때 튜너의 눈금이 G의 가운데에 와야합니다. 그런데 만약 F#음이 나왔다면 이는 맞추고자 하는 음(G)보다 낮은 경우이므로 줄감개를 조여 음이 올라가도록 해야 합니다. 반대로 A음이 나왔다면 이는 너무 높게 음이 조율된 상태이므로 줄감개를 풀어 G음에 맞춰야 합니다. 위와 같은 방법으로 나머지 1, 2, 3번줄을 튜닝합니다.

튜닝 순서를 다시 정리해보면

1) 4번줄 개방현을 뚱겨서 G(솔)음에 맞춥니다.

2) 3번줄 개방현을 뚱겨서 C(도)음에 맞춥니다.

　 또는 3번줄 2프렛을 누르고 뚱겨서 D(레)음에 맞춰도 됩니다.

3) 2번줄 개방현을 뚱겨서 E(미)음에 맞춥니다.

4) 1번줄 개방현을 뚱겨서 A(라)음에 맞춥니다.

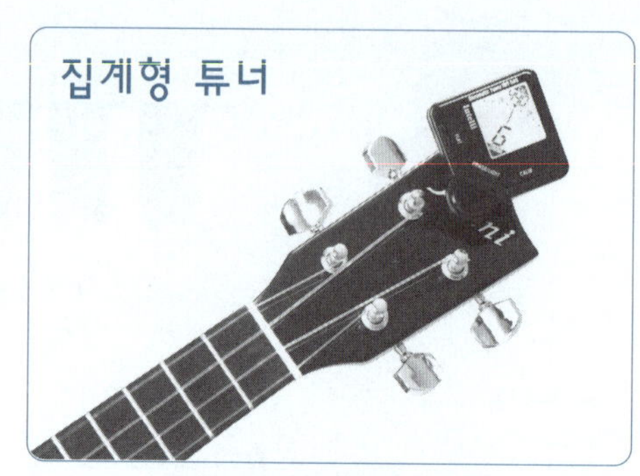

▲ 440Hz를 확인하세요.

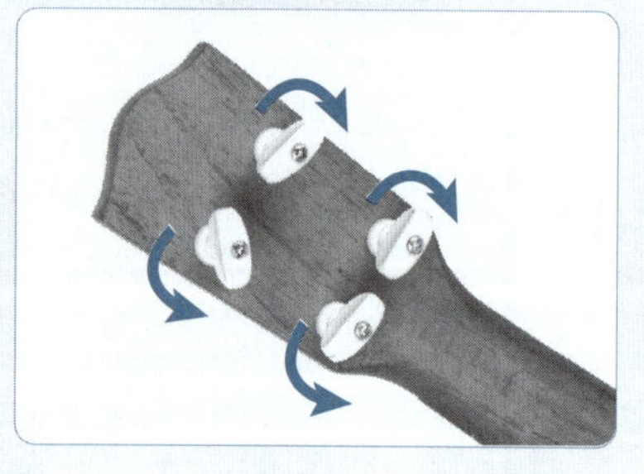

우쿨렐레를 정확하게 튜닝했어도 연주하고 있는 동안 음이 바뀔 수 있으므로 연습 도중에 가끔씩 음정을 체크하도록 합니다. 그리고 한 번 해놓은 튜닝이 금새 풀어질 때는 줄감개 끝에 붙어 있는 나사를 조여 주면 좋습니다.

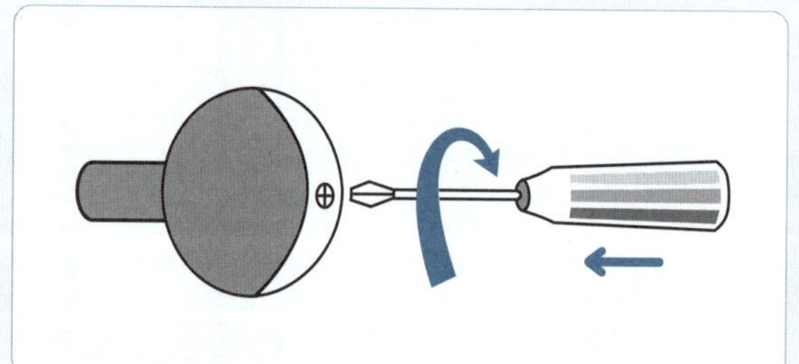

⭐ 우쿨렐레 줄을 교체하는 방법

우쿨렐레의 줄은 상당히 튼튼해서 잘 끊어지지 않지만, 6개월 이상 장기간 사용하는 것은 바람직하지 않으므로 주기적으로 교체하는 것이 좋습니다. 줄을 교체할 때는 네 줄을 한꺼번에 풀어 교체하는 것보다 한 줄씩 차례로 교체하는 것이 악기에 좋습니다.

1. 새로운 줄의 끝부분에 매듭을 만든 뒤 브릿지의 갈라진 틈에 끼워 넣습니다.
이때 1, 4번줄처럼 굵기가 가는 줄은 매듭을 2회 정도 만들어야 브릿지의 틈으로 빠지지 않습니다.

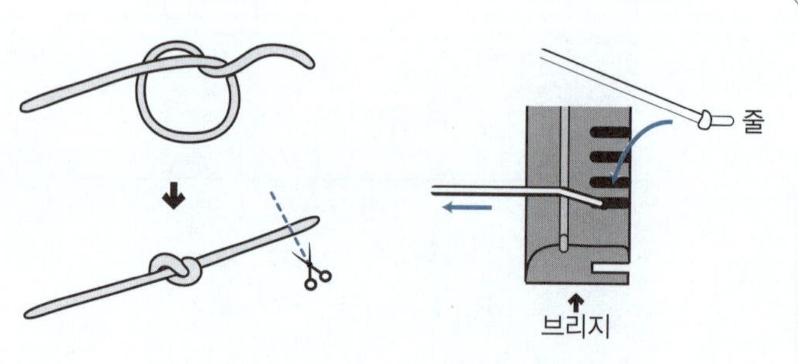

2. 줄의 다른 한쪽 끝부분을 스트링스 포스트 구멍에 통과시킵니다.

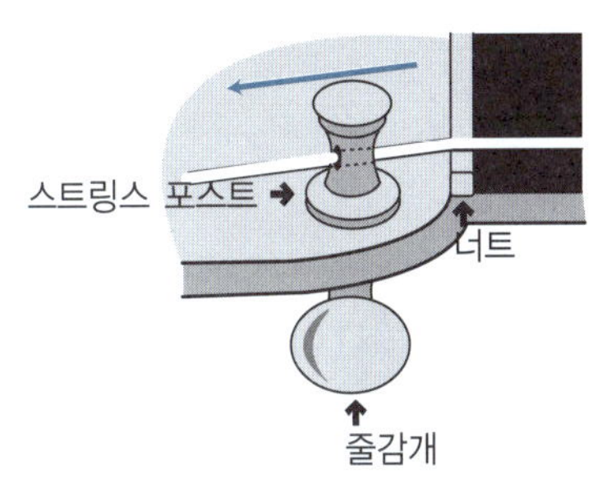

3. 줄을 감아 한 번 더 구멍을 통과시킨 후 스트링스 포스트에 묶습니다. 이때 줄은 줄감개를 돌렸을 때 2~3회 감길 정도의 여분을 남겨 두고 묶어야 합니다.

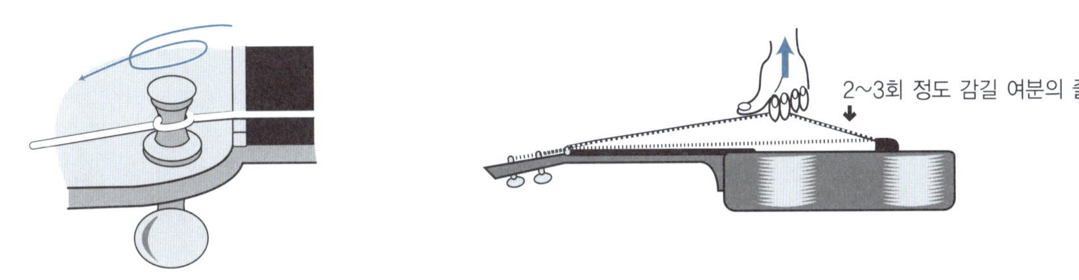

4. 줄이 아래쪽(바닥)으로 향하게 줄감개를 돌려서 줄을 감습니다. 헤드 부분의 남은 줄은 니퍼를 이용해 자릅니다.

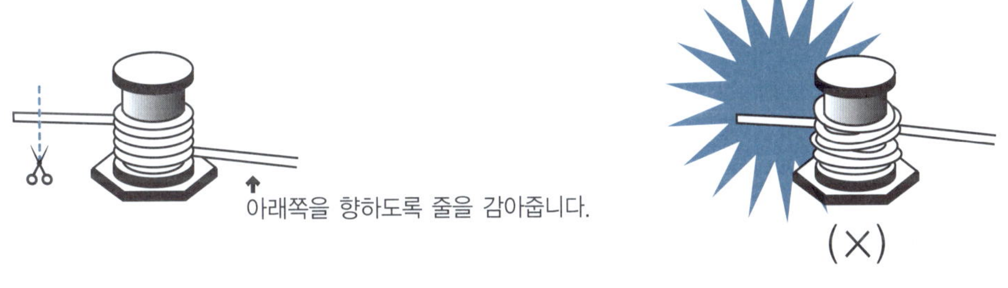

▮ 줄을 감는 방법 – 두 가지 형태

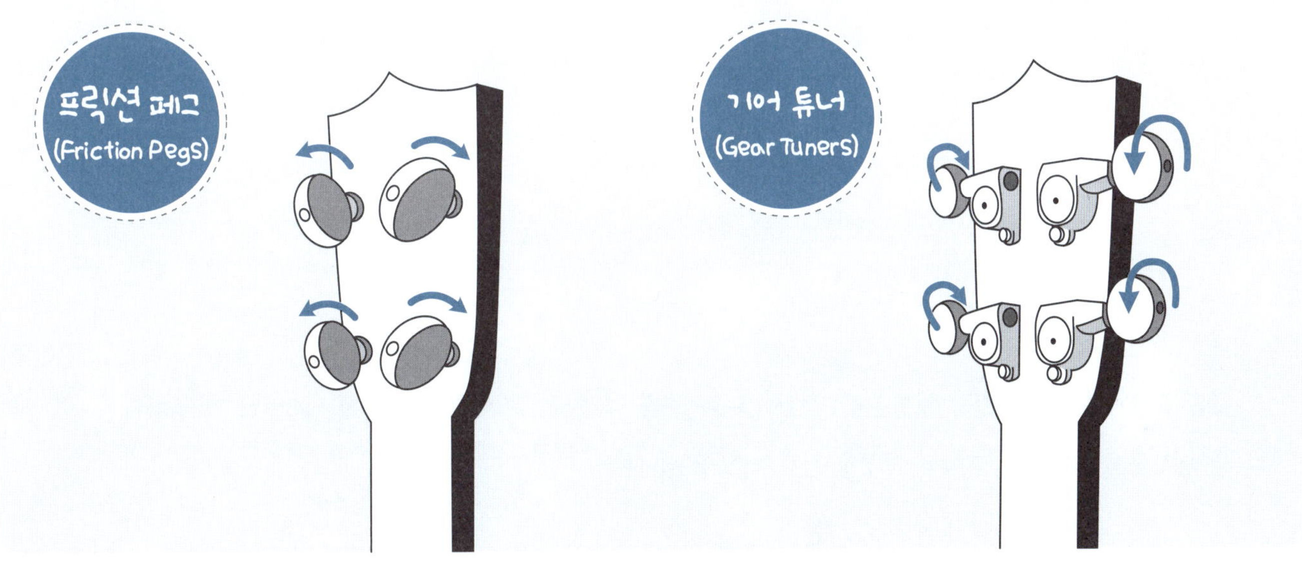

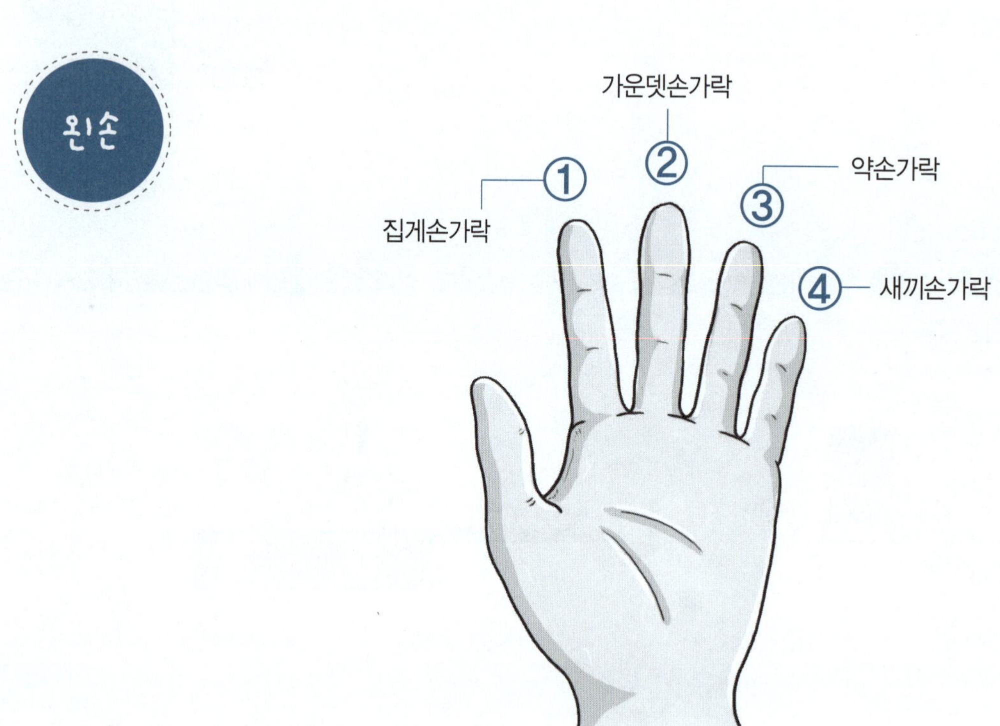

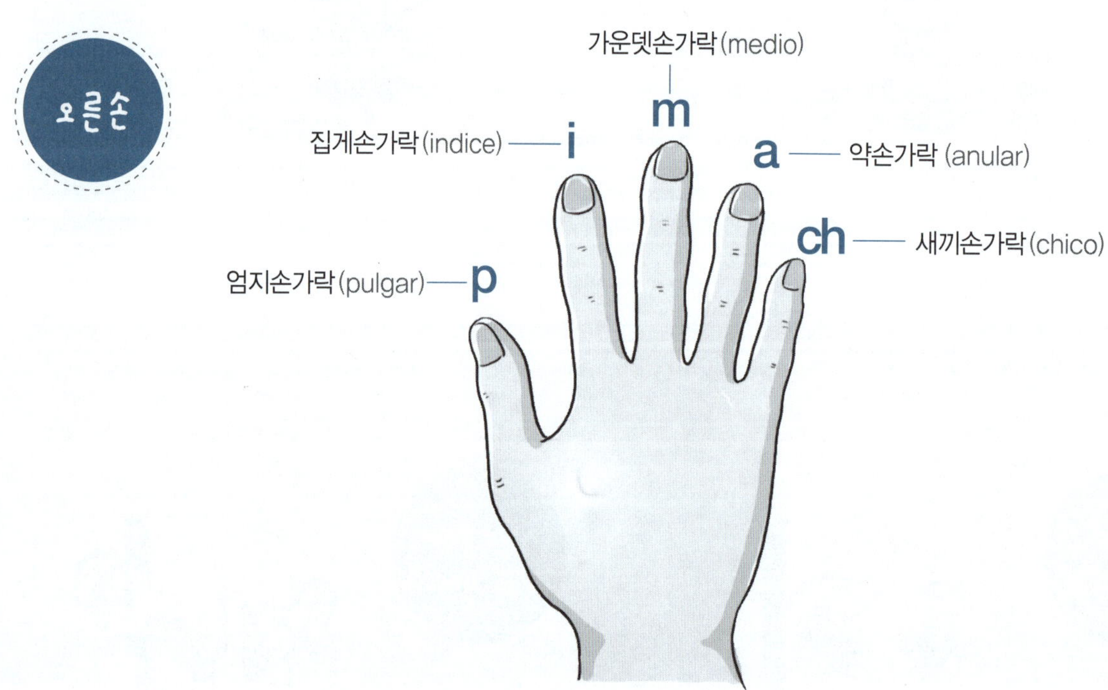

왼손의 엄지손가락은 지판 뒷부분을 짚어서 우쿨렐레를 고정시키는 역할을 하고 ①~④번의 각 손가락은 멜로디 연주시 표시된 번호대로 지판을 짚는 역할을 합니다.

⭐ 코드를 누르는 요령

코드는 2개 이상의 음을 동시에 뚱겨 화성을 만드는 것입니다. 코드를 구성하는 각각의 음들이 잘 들리게 코드를 짚는 요령을 살펴보겠습니다.

1. 튜닝이 제대로 되어 있지 않을 경우 아무리 정확하게 코드를 짚어도 이상한 소리가 나므로 연주를 하기 전에 항상 먼저 튜닝을 합니다.

2. 줄을 누른 손가락이 옆줄에 닿아 있는 경우 즉, 손가락이 누워 있는 경우 코드의 음들이 잘 소리나지 않습니다.

3. 왼손의 손톱이 길어서 세워 누르기가 힘든 경우도 코드음들이 잘 울리지 않습니다. 항상 엄지를 제외한 왼손 ①~④번 손가락의 손톱은 짧게 자르도록 합니다.

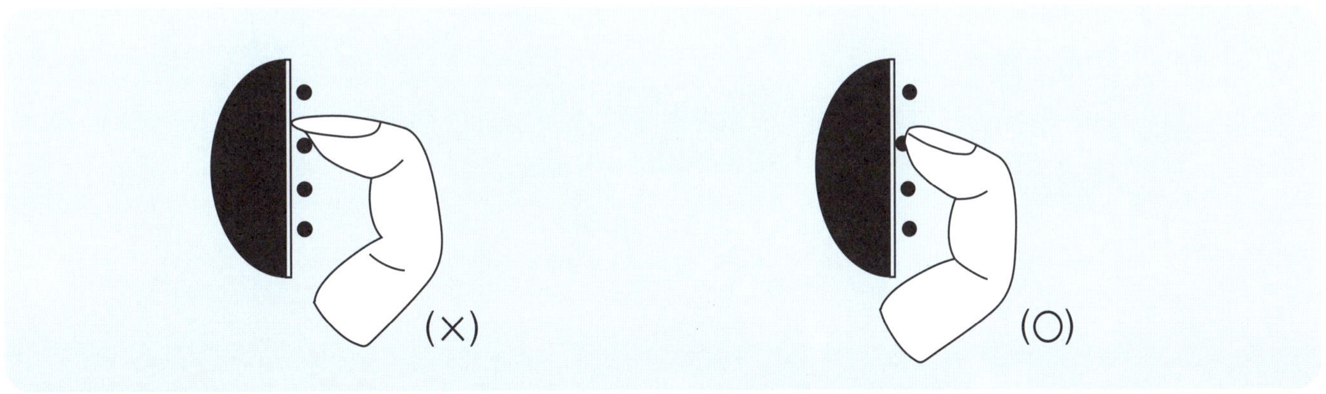

★ 우쿨렐레의 기본 자세

우쿨렐레는 오른손 손목의 상단 부분과 오른팔 사이에 끼워 넣는 느낌으로 감싸듯 잡습니다. 왼손은 넥의 아랫부분을 쥐어 우쿨렐레를 지탱하고 헤드가 수평보다 조금 위쪽을 향하도록 합니다(약 15~20°).

스트랩을 메고 연주하면 왼손의 움직임에 크게 제약을 받지 않으므로 프로연주자들은 스트랩을 사용하기도 합니다. 스트랩 없이 코드 반주를 할 경우에는 ①번 손가락을 넥쪽에 받치고 연주해야 합니다.

★ 음계

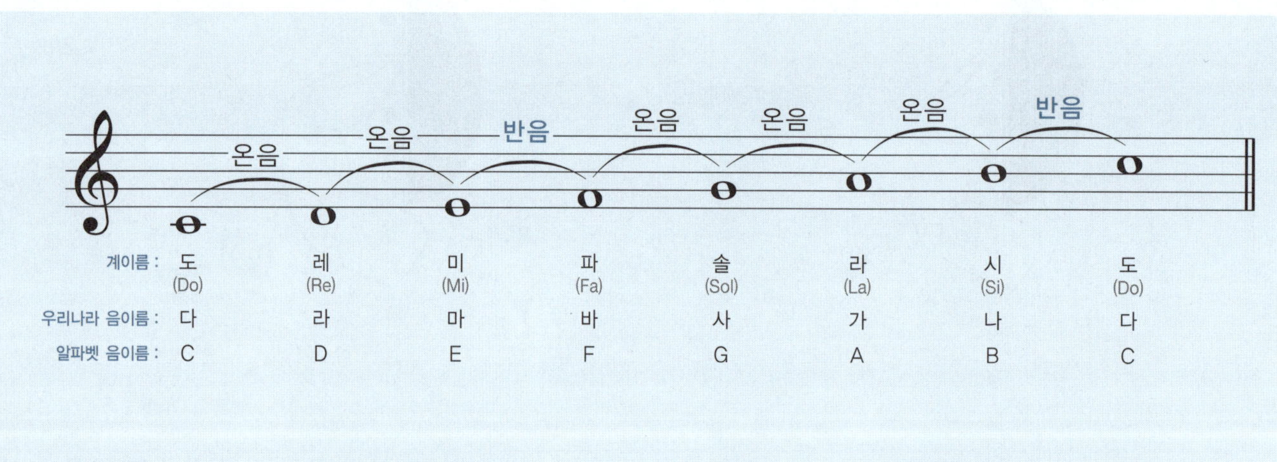

우쿨렐레 지판 위의 온 · 반음 예

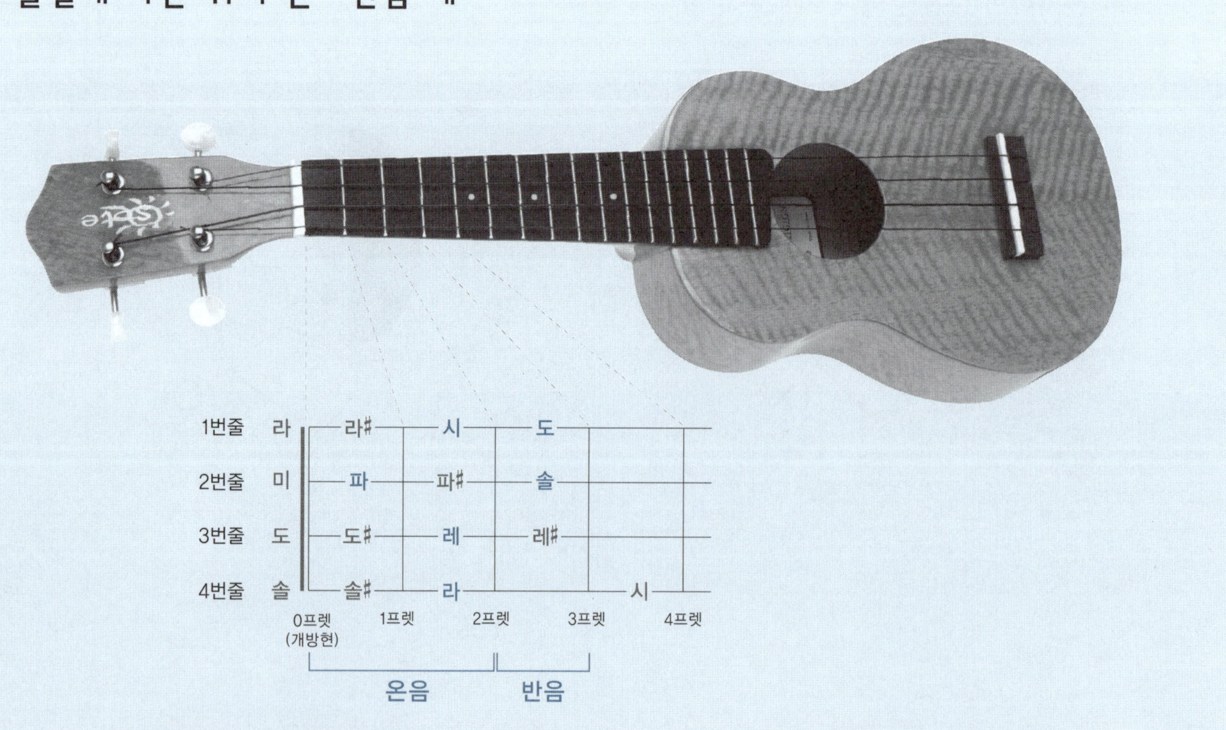

★ 음표와 쉼표

음 표	이 름	길 이	이 름	쉼 표
$\circ$	온음표	4박	온쉼표	
	점2분음표	3박	점2분쉼표	
	2분음표	2박	2분쉼표	
	점4분음표	$1박 + \frac{1}{2}박$	점4분쉼표	
	4분음표	1박	4분쉼표	
	점8분음표	$\frac{1}{2}박 + \frac{1}{4}박$	점8분쉼표	
	8분음표	$\frac{1}{2}박$	8분쉼표	
	16분음표	$\frac{1}{4}박$	16분쉼표	

★ 자주 사용하는 우쿨렐레 코드표

※ 너트 옆의 O는 개방현을 의미합니다.

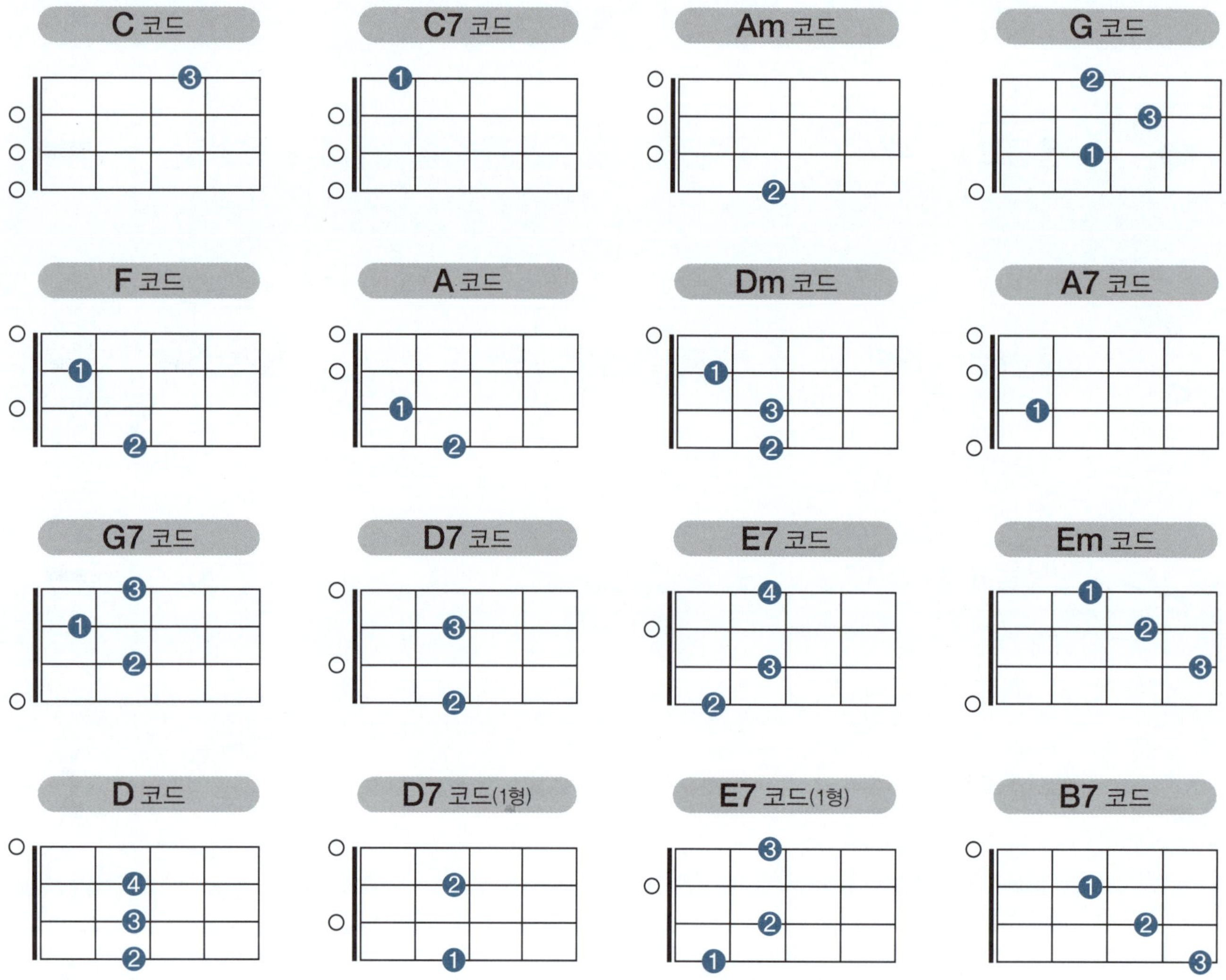

C 코드
C7 코드
Am 코드
G 코드
F 코드
A 코드
Dm 코드
A7 코드
G7 코드
D7 코드
E7 코드
Em 코드
D 코드
D7 코드(1형)
E7 코드(1형)
B7 코드

손가락 모양과 번호
①
②
③
④

우쿨렐레 튜닝
1번줄 (A)
2번줄 (E)
3번줄 (C)
4번줄 (G)
너트
0 프렛
1 프렛
2 프렛
3 프렛
4 프렛

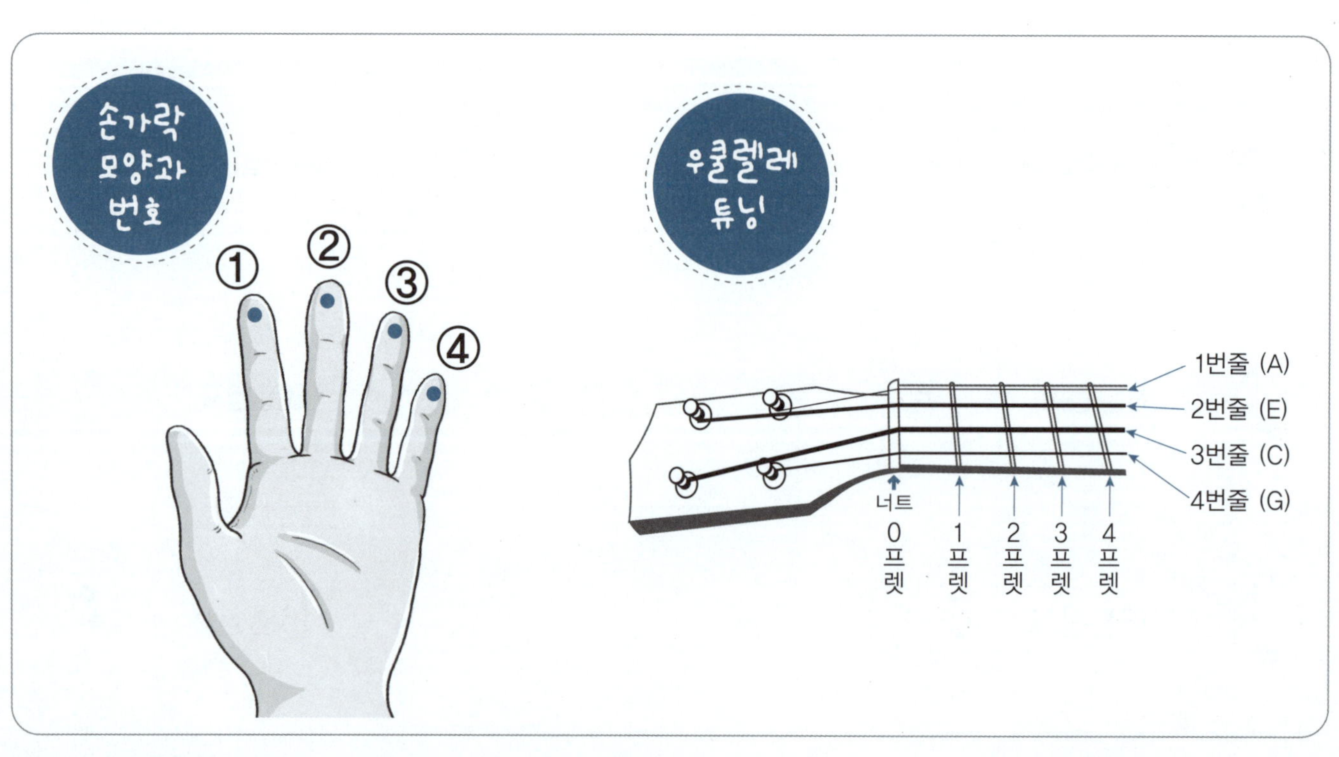

⭐ 코드 다이어그램 보는 방법

코드(화음)를 누르는 방법을 간략하게 그림으로 표기한 것이 코드 다이어그램입니다.

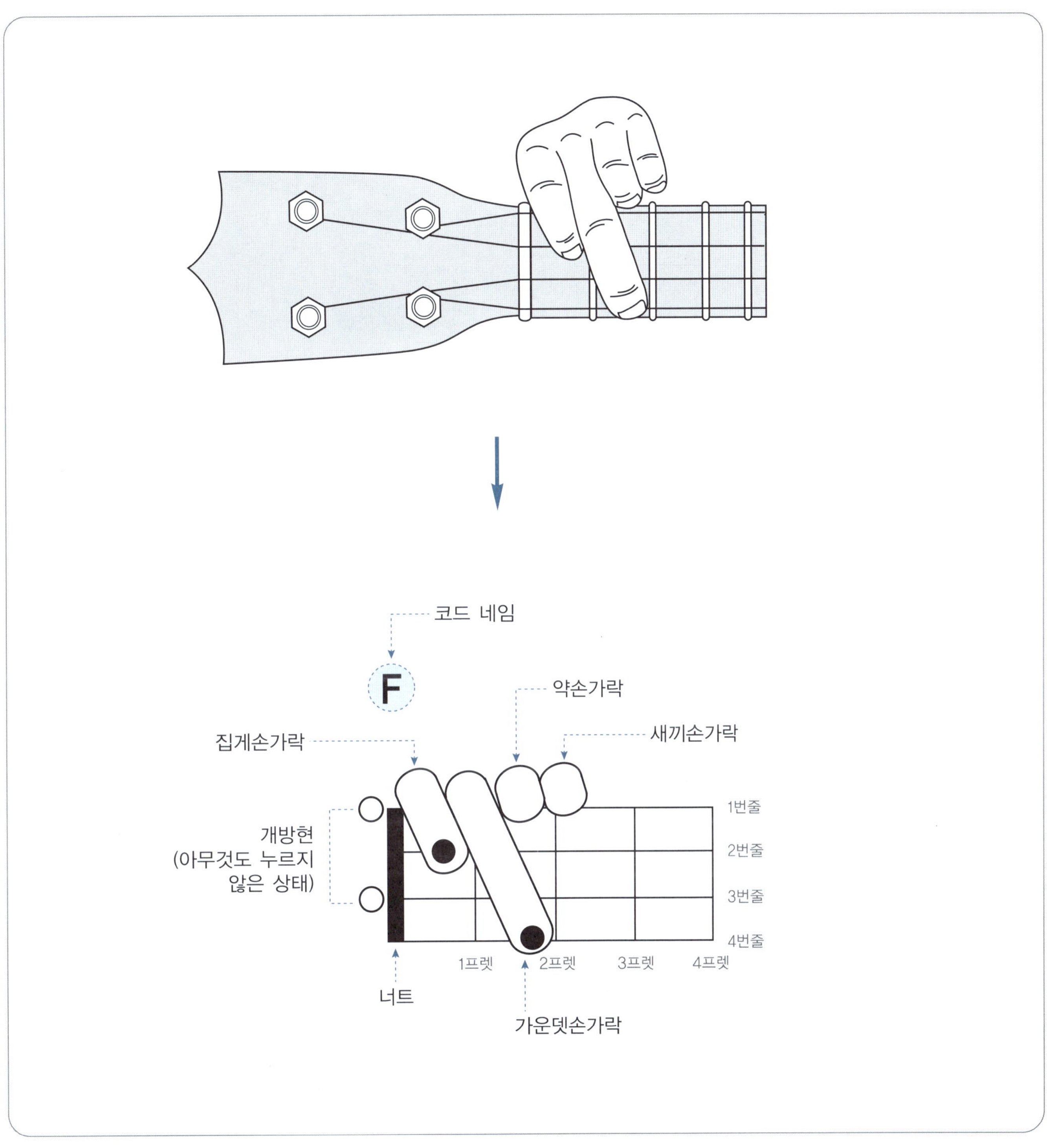

★ C코드 운지법과 엄지손가락 다운 스트로크

▋C코드 운지법

C코드는 1번줄 3프렛을 왼손 ③번 손가락으로 누르며 나머지 2, 3, 4번줄은 개방현을 칩니다.

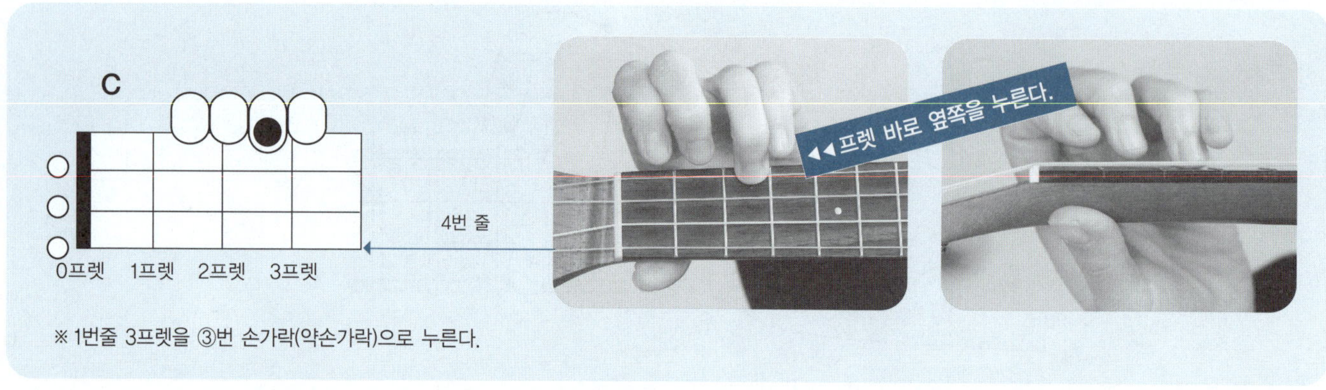

줄을 누를 때에는 손가락을 세워 다른 줄에 닿지 않도록 합니다. 또 손톱이 길어서 제대로 누르지 못하는 것도 피해야 하며, 프렛의 바로 옆 부분을 눌러야 좋은 소리를 낼 수 있다는 것도 유의합니다.

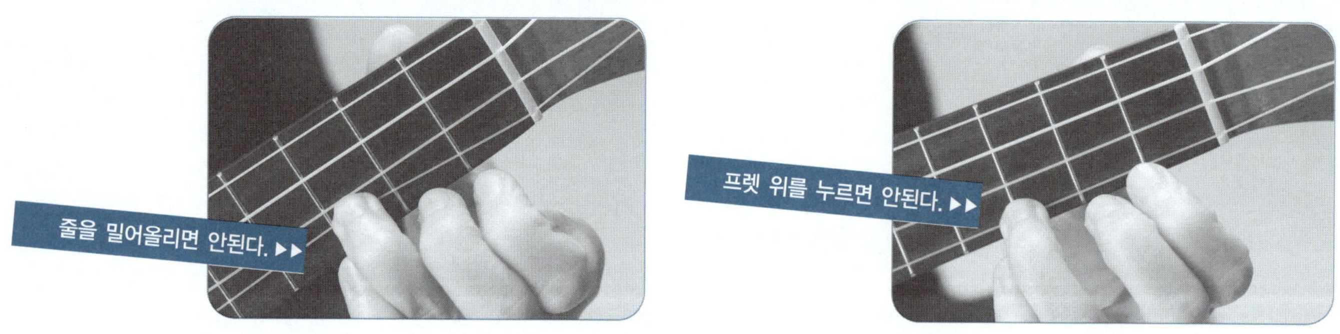

▋엄지손가락을 사용한 다운 스트로크

보디의 밑부분을 오른손 엄지손가락을 제외한 손가락으로 받쳐 준 상태에서 엄지손가락을 쭉펴고 위에서 아래쪽으로 밀듯이 내려칩니다. 4번줄에서 1번줄(위에서 아래)로 내려치는 방법이 다운 스트로크(Down Stroke)입니다.

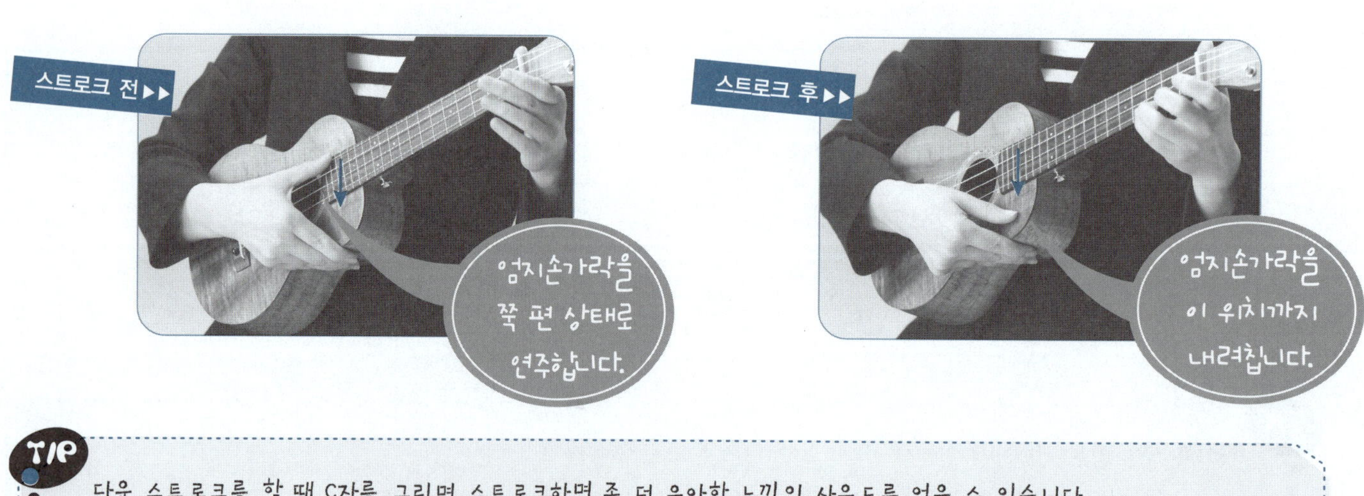

TIP
다운 스트로크를 할 때 C자를 그리며 스트로크하면 좀 더 우아한 느낌의 사운드를 얻을 수 있습니다.

⭐ 4비트 다운 스트로크와 C, F, C7 코드 익히기

▌다운 스트로크 : 위에서 아래로(4번줄에서 1번줄 방향으로) 내려칩니다.

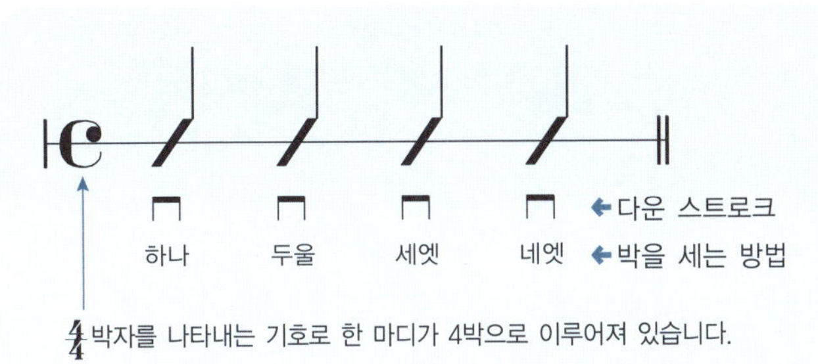

4/4박자를 나타내는 기호로 한 마디가 4박으로 이루어져 있습니다.

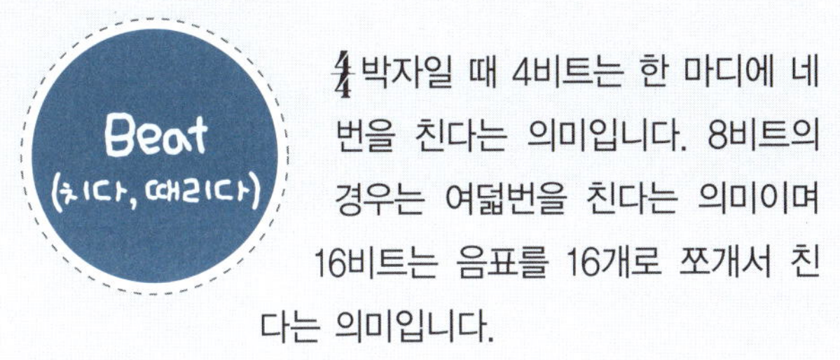

4/4박자일 때 4비트는 한 마디에 네 번을 친다는 의미입니다. 8비트의 경우는 여덟번을 친다는 의미이며 16비트는 음표를 16개로 쪼개서 친다는 의미입니다.

연습 1

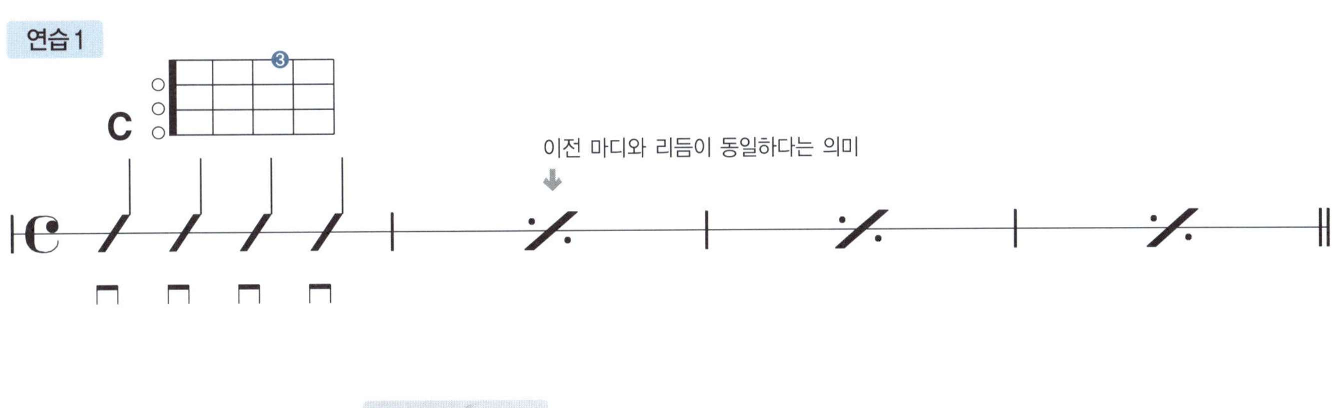

연습 2

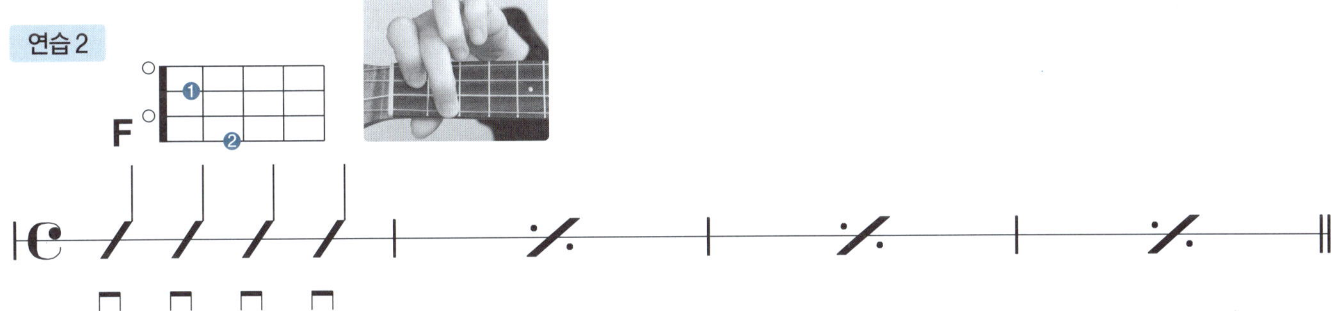

연습 3

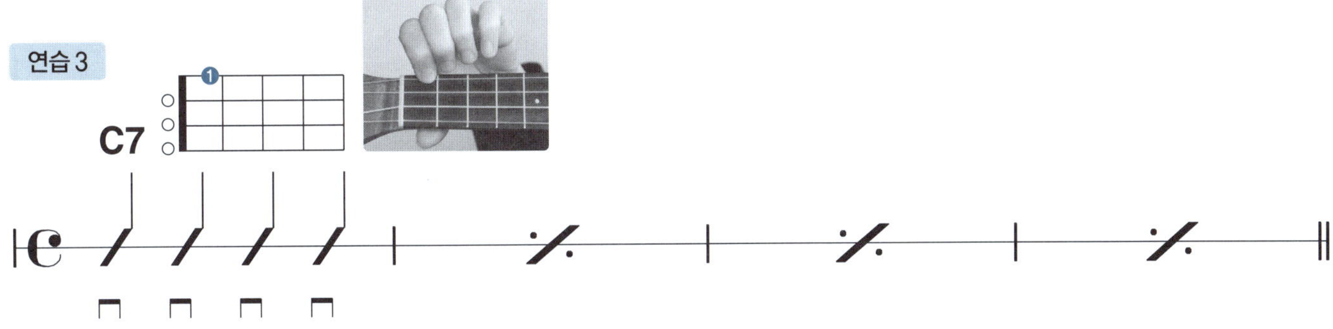

F코드는 ①번 손가락과 ②번 손가락 사이가 벌어지지 않도록 해야 합니다. 그리고 손가락 끝부분을 직각으로 세워서 줄을 눌러야 깨끗한 소리가 납니다. 위 연습의 사진과 같이 손가락을 우쿨렐레의 헤드쪽으로 약간 틀어서 잡습니다.

⭐ 악센트 익히기

- 악센트는 어떤 음이나 리듬을 좀 더 강하게 연주한다는 의미입니다.
- $\frac{4}{4}$박자 리듬에서 2·4박에 악센트를 붙이는 연습입니다.
- 스트로크 할 때 1·3박보다 약간 강하게 친다는 느낌으로
  악센트 부분을 연주해봅시다.

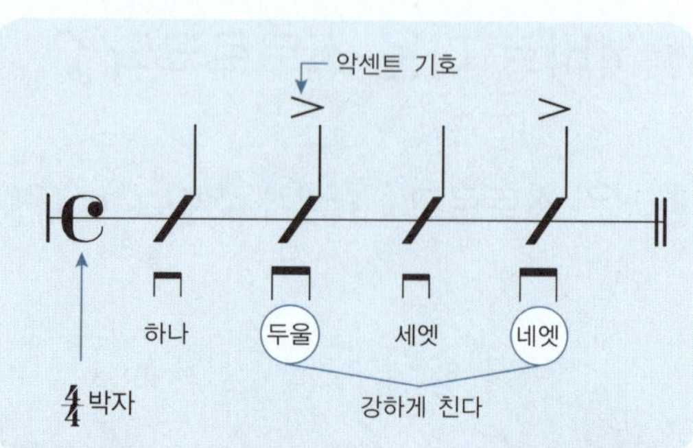

연습 1 엄지손가락으로 연습해보자

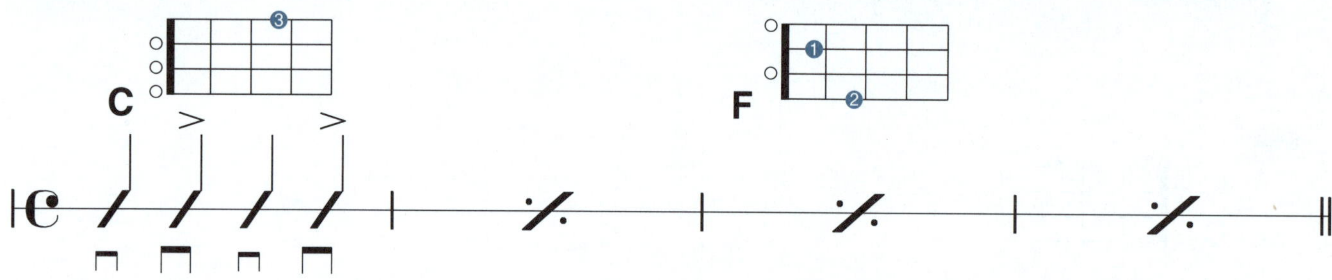

연습 2

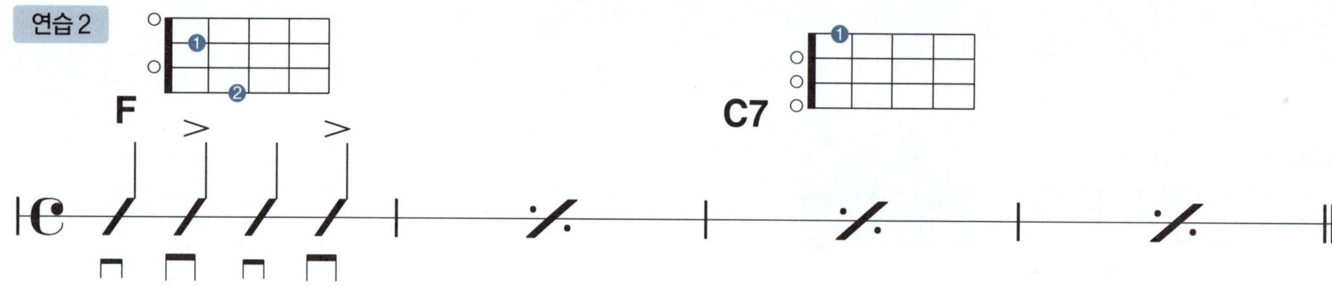

연습 3

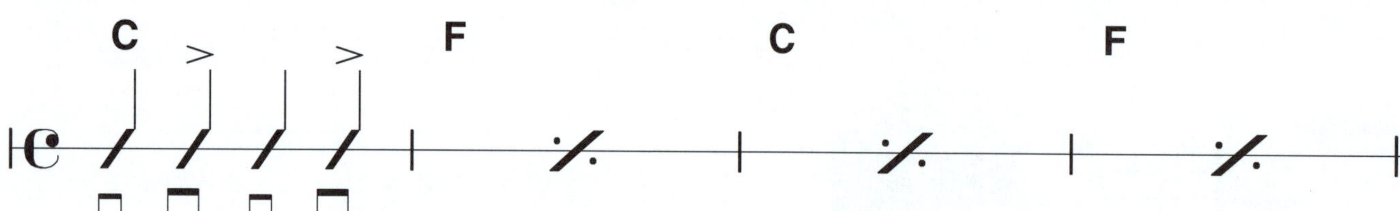

연습 4

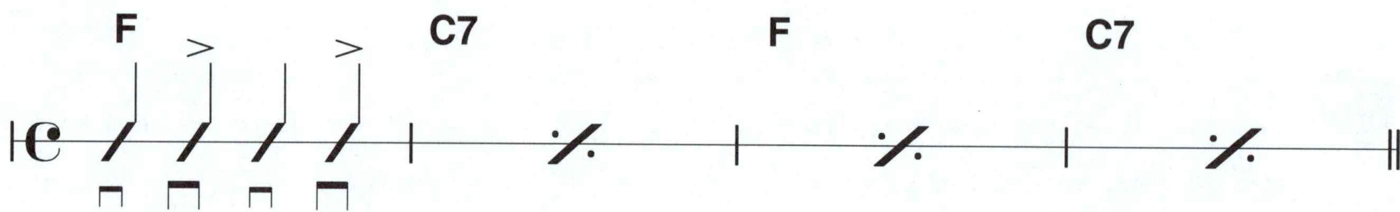

엄마돼지 아기돼지 | 박홍근 작사 / 김규환 작곡

비행기 | 윤석중 작사 / 외국 곡

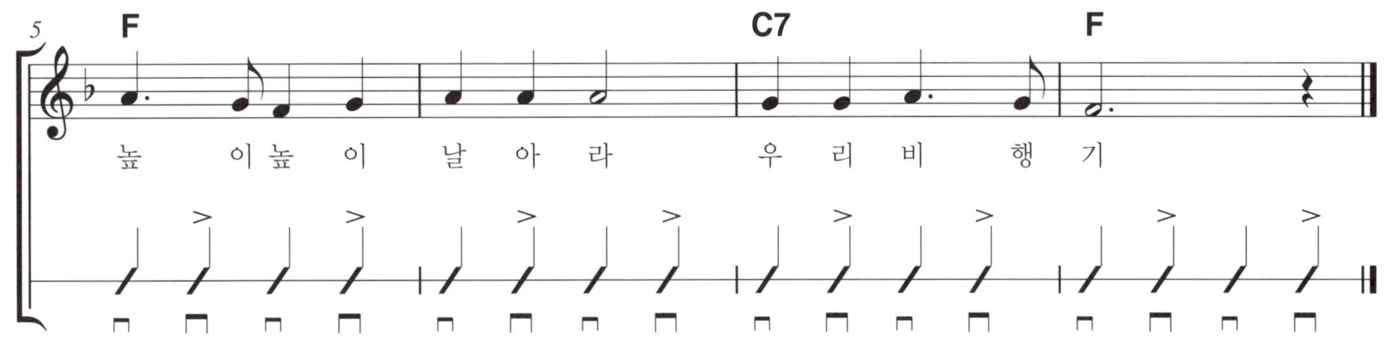

시계 | 작자 미상/나운영 작곡

열꼬마 인디언 | 용택수 작사/외국 곡

★ ¾ 박자 다운 스트로크와 G7코드 익히기

G7코드의 경우 손목을 악기의 헤드쪽으로 약 45° 정도 틀어주어야 ③번 손가락으로 1번줄 2프렛을 정확히 잡을 수 있습니다. ¾박자는 한 마디에 4분음표가 3개 들어 있습니다. 이번 연습에서는 엄지손가락(p)을 사용하여 한 마디에 세 번 다운 스트로크합니다.

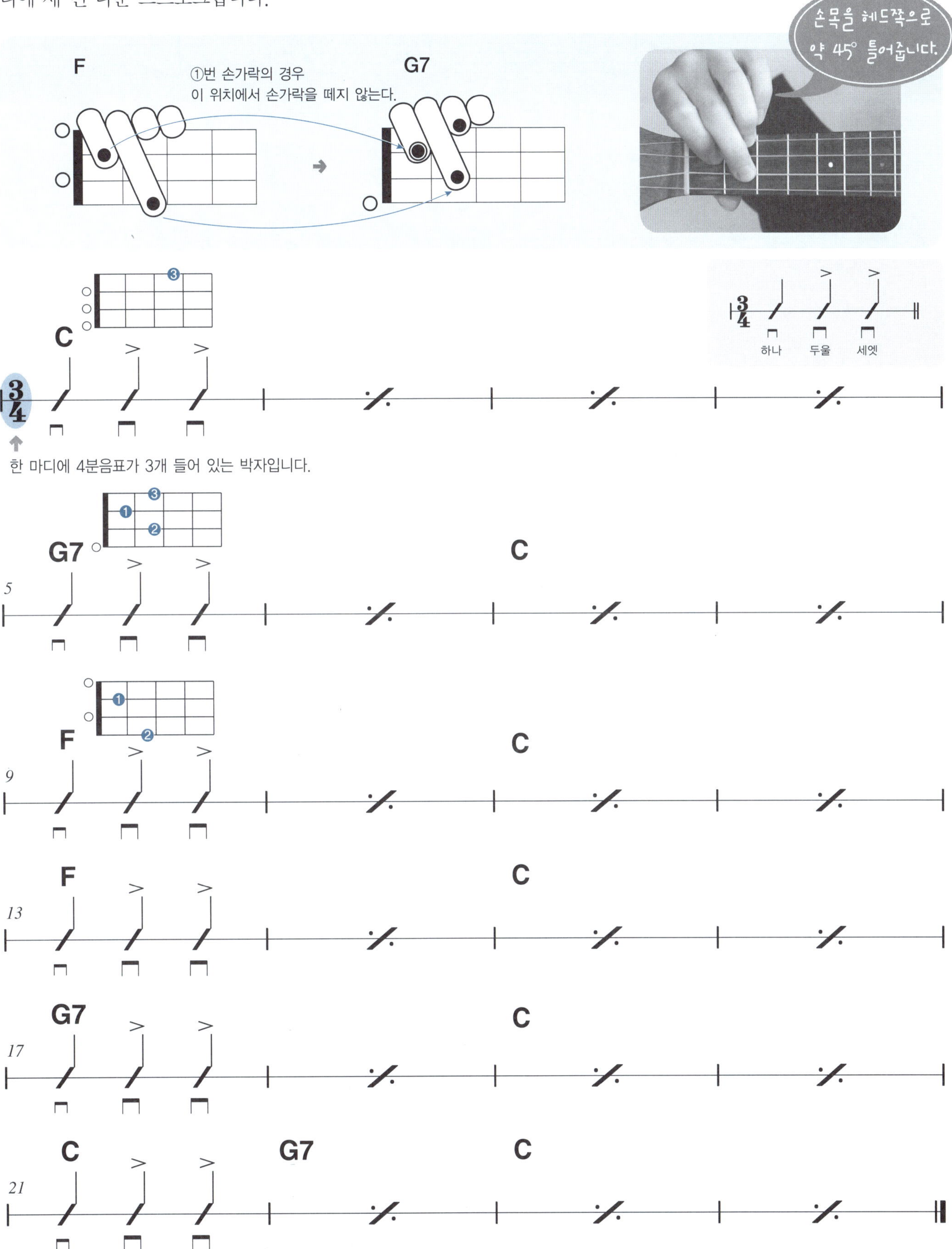

고요한 밤 거룩한 밤 | F. X. Gruber

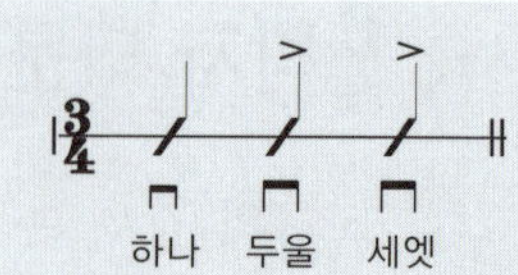

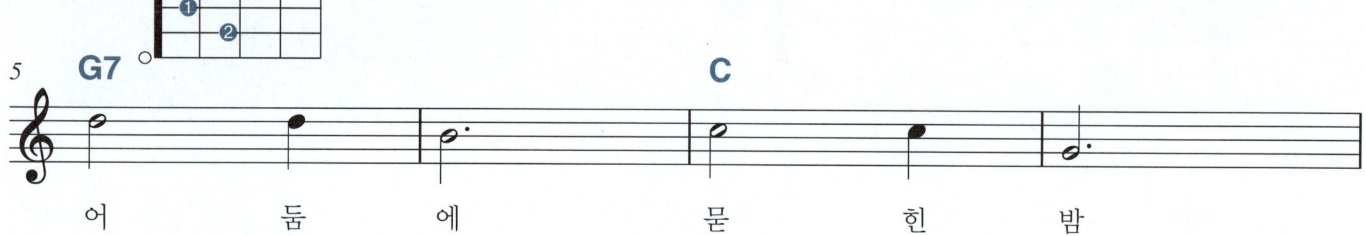

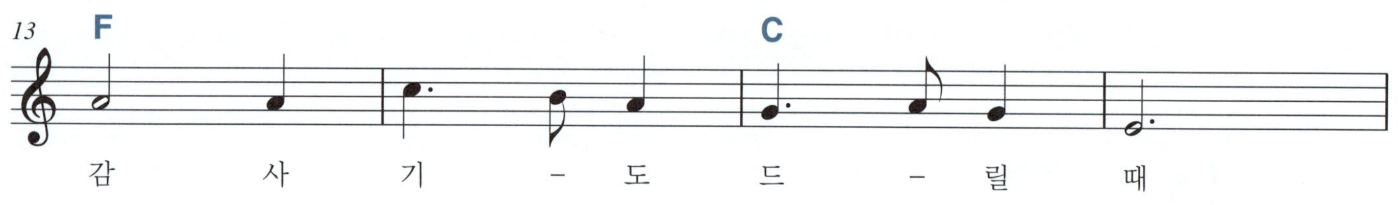

TIP

코드반주가 익숙해졌다면 노래를 부르며 스트로크 해봅니다.

★ 멜로디 연주하기

■ 오른손 엄지손가락을 사용하여 멜로디 연주하기

• 아포얀도

줄을 뚱긴 손가락이 다음 줄에서 머무르는 주법으로 멜로디를 선명하게 나타내줍니다.

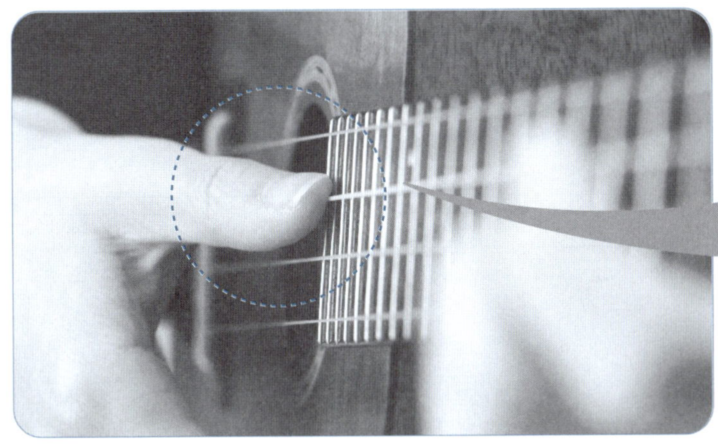

• 알아이레

줄을 뚱긴 손가락이 다음 줄에서 머무르지 않고 허공에 머무르는 주법입니다.

• 엄지손가락은 지판을 약간 벗어난 사운드홀에서 연주하고 나머지 네 손가락으로 보디를 받칩니다.

엄지손가락(p)은 아포얀도와 알아이레 주법으로 연주할 수 있습니다. **이 책에서는 주로 멜로디의 단선율을 연습하므로 선율을 두드러지게 하기 위해 아포얀도로 연습합니다.** 그리고 아르페지오(분산화음) 연주를 할 때에는 알아이레가 많이 쓰이므로 미리 연습을 해두는 것이 좋습니다.

연주시 엄지손가락 관절은 쭉 편 상태에서 위에서 아래로 밀듯이 내려칩니다. 이때 멜로디 소리가 끊기지 않고 부드럽게 이어질 수 있도록 유의해야 합니다.

멜로디를 연주할 때는 오선 악보보다 타브(TAB) 악보를 보는 것이 더 연주하기 쉽습니다.
타브 악보 보는 것에 익숙해지면 초보자들도 멜로디를 쉽게 연주할 수 있습니다.

■ 엄지손가락 멜로디 연습 1

오른손 엄지손가락을 아포얀도로 연습합니다.
박자에 유의하며 개방현의 음을 익히세요.

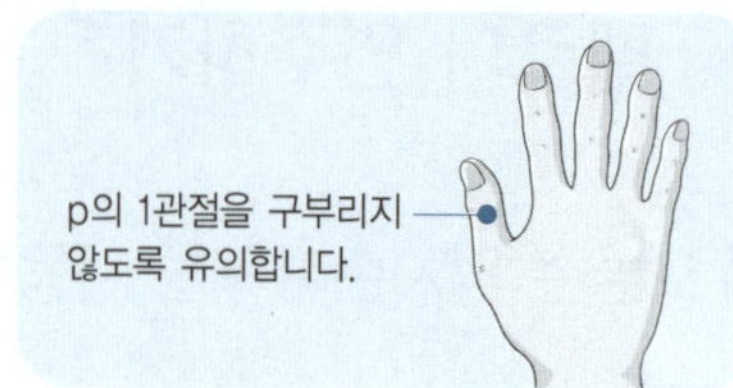

4번줄 연습(high-G) ▶▶ 4번줄 개방현을 엄지손가락으로 밀듯이 친 뒤, 3번줄에 걸칩니다.

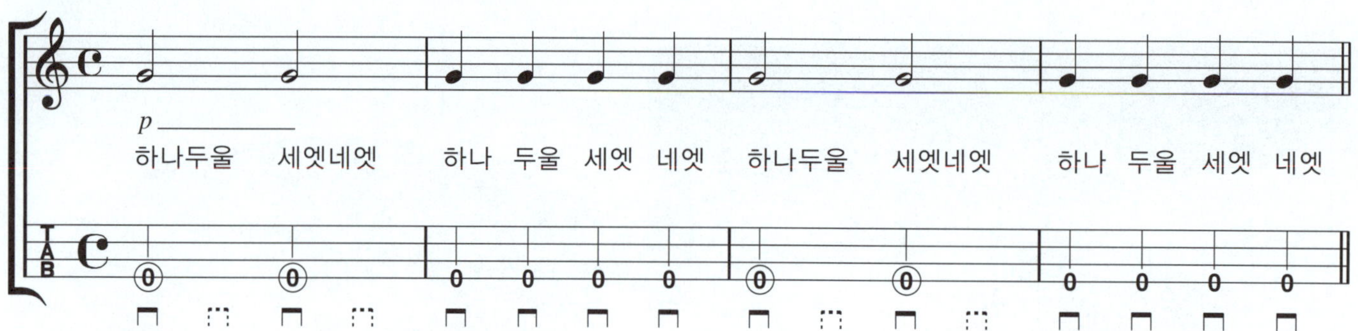

3번줄 연습 ▶▶ 3번줄 개방현을 엄지손가락으로 밀듯이 친 뒤, 2번줄에 걸칩니다.

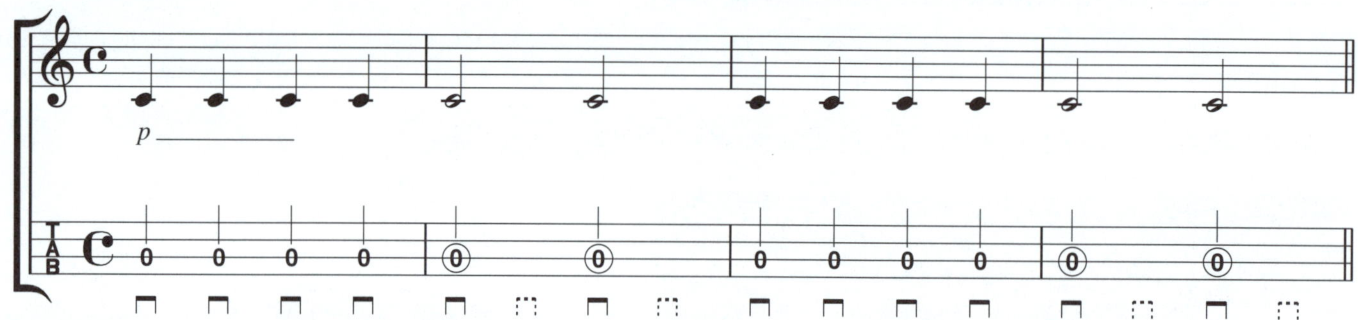

2번줄 연습 ▶▶ 2번줄 개방현을 엄지손가락으로 밀듯이 친 뒤, 1번줄에 걸칩니다.

1번줄 연습 ▶▶ 1번줄 개방현을 엄지손가락으로 밀듯이 칩니다.

엄지손가락 멜로디 연습 2

4번줄 연습

3번줄 연습

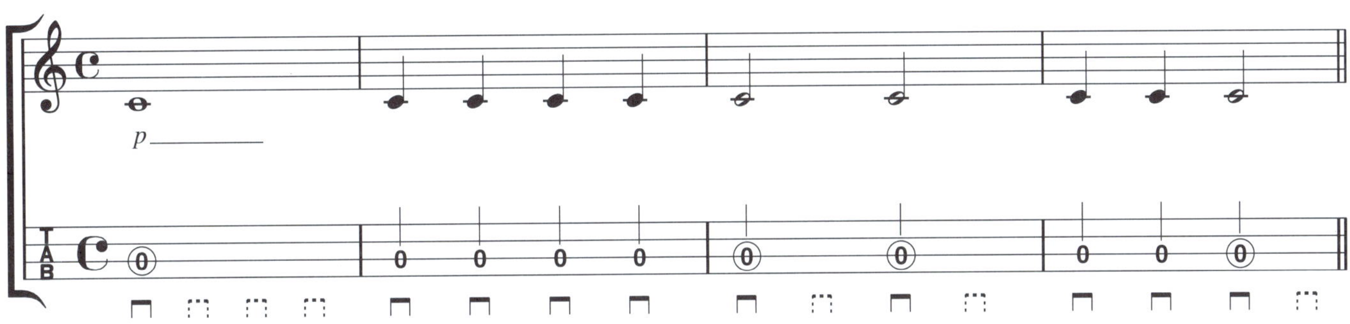

2번줄 연습

1번줄 연습

타브(TAB) 악보 익히기

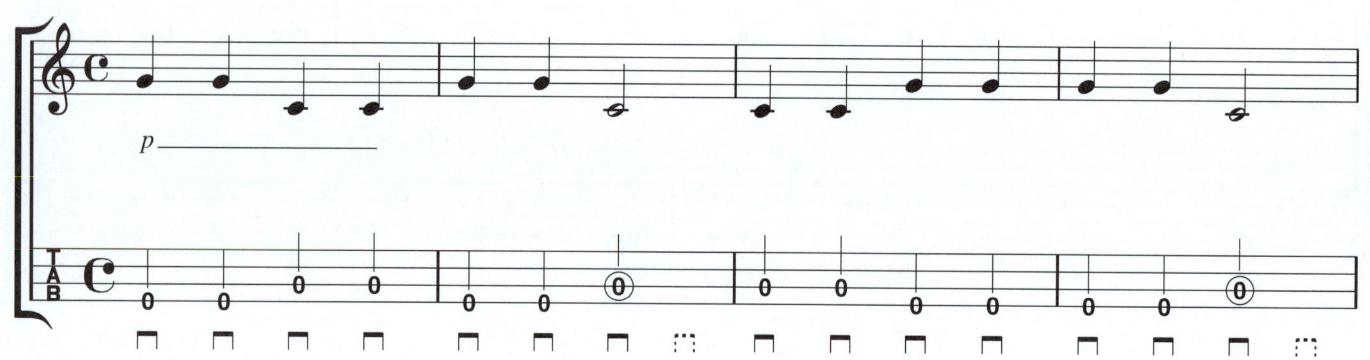

곰 세마리 (1) | 작자 미상

C
하나 두 울 세엣 네엣   하나 두 울세엣 네엣   하 나두울 세 엣네엣   하나 두울 세엣 네엣

C   G7   C   G7

C   G7   C   G7   C
1번줄 3프렛을 ③번 손가락으로 짚습니다.
3번줄 2프렛을 ②번 손가락으로 짚습니다.

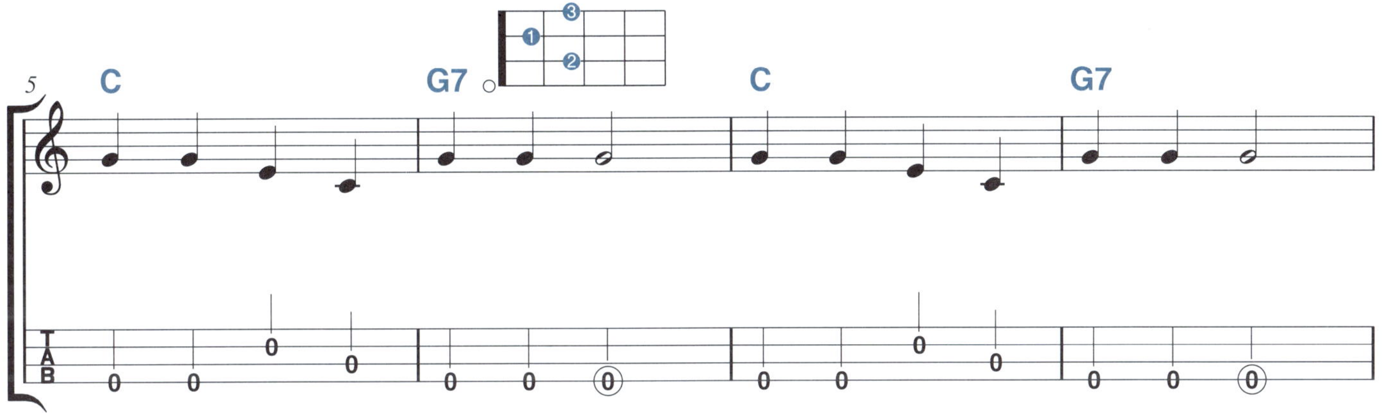

곰 세마리 (2) | 작자 미상

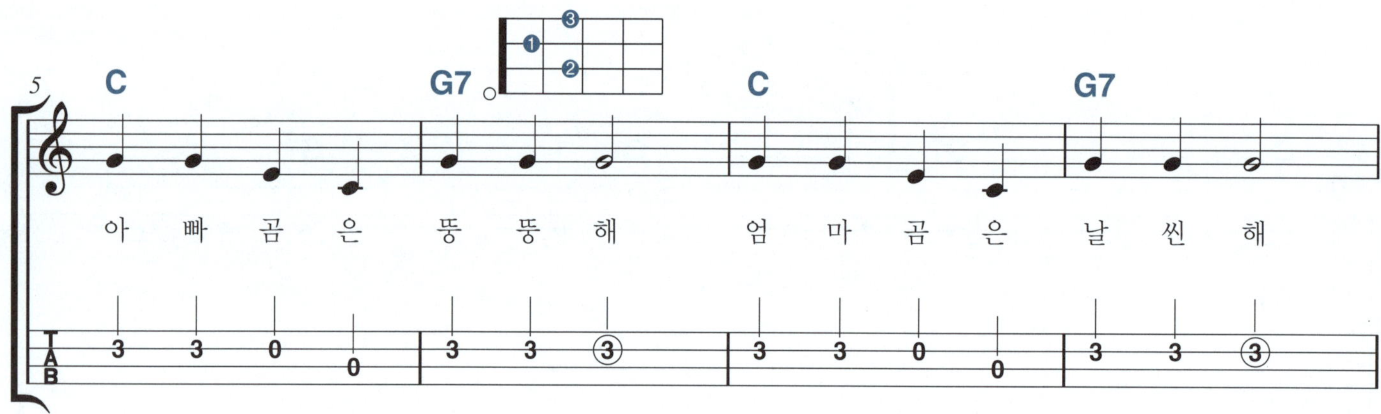

4번줄 개방현과 2번줄 3프렛은 같은 소리(솔=G)가 납니다. 이 곡에서는 2번줄 3프렛을 사용해서 연주해 봅시다.

엄지 손가락의 이동이 적어서 연주가 용이하고 4번줄을 Low-G로 사용할 경우 필요한 운지법입니다.

Twinkle, Twinkle, Little Star | W. A. Mozart

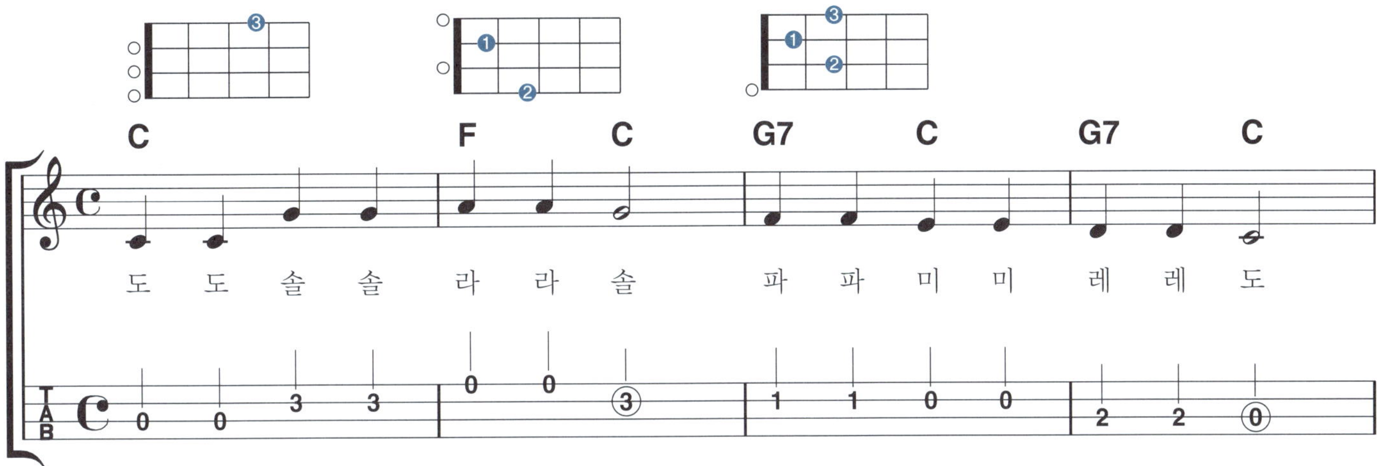

- **지도시 유의사항** : 이 곡을 배울 때 시작 단계의 초보자는 코드 체인지가 어려울 수 있으므로 학생(초보자)들은 멜로디를 연주하도록 하고 선생님이 코드 반주를 합니다.
- **주의사항** : 왼손 손가락으로 핑거보드를 짚을 때 줄을 밀어 올리거나 끌어 내리면 정확한 음정을 낼 수 없습니다. 프렛을 짚을 때는 줄을 밀어 올리거나 끌어 내리지 않고 프렛 바로 옆쪽을 짚을 수 있도록 유의합니다.

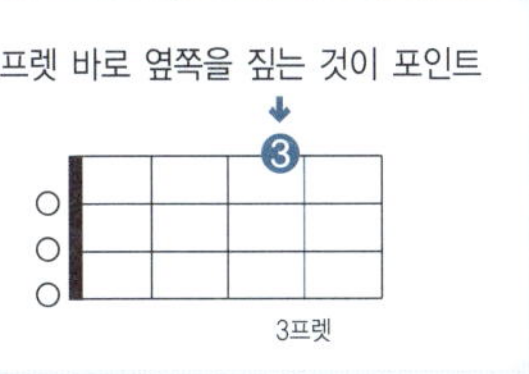

스트러밍(Strumming) 또는 스트럼(Strum)이란 오른손을 사용해서 악기를 연주하는 다양한 방법을 뜻합니다.
그중에서 스트로크 주법은 손이나 피크를 사용해서 여러 줄을 동시에 치는 것을 의미합니다.

▌집게손가락을 사용하는 스트로크

집게손가락(i)의 손톱으로 4번줄부터 1번줄까지 한 번에 칩니다. 이때 손목의 스냅을 이용하는 것이 중요한데, 문을 열 때 손잡이를 안쪽으로 돌리는 것을 떠올리거나 부채질 할 때의 손목을 생각하면 쉽게 이해할 수 있습니다. 손목의 스냅이 중요한 이유는 점차 비트(Beat)의 수가 많아지면 스냅 사용이 안될 경우 연주가 힘들어지기 때문입니다.

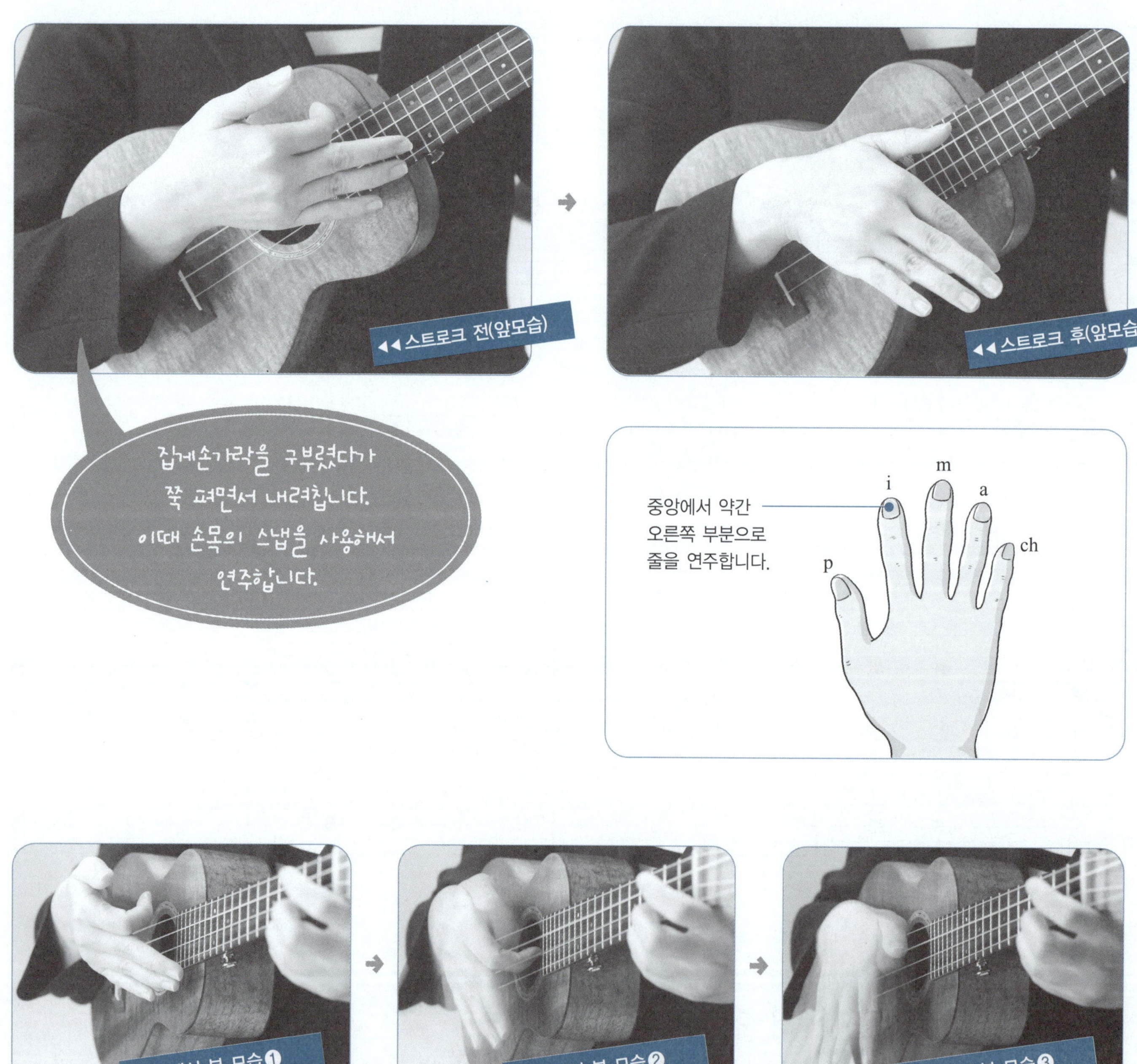

▌피크를 사용하는 스트로크

우쿨렐레를 연주할 때에는 일반적으로 손가락으로 연주합니다. 그러나 손톱이 약한 사람이나 어린 학생들은 손이 아플 경우 피크를 사용하기도 합니다.

우쿨렐레 전용 펠트(Felt)피크를 사용하는 것이 좋지만 구하기 힘들다면 통기타 용 피크 중 가장 얇은 Thin(0.46 ~0.5mm)을 사용해도 무방합니다. 피크로 연주할 때는 피크가 줄에 2mm정도 깊이로 스치듯이 스트로크 합니다.

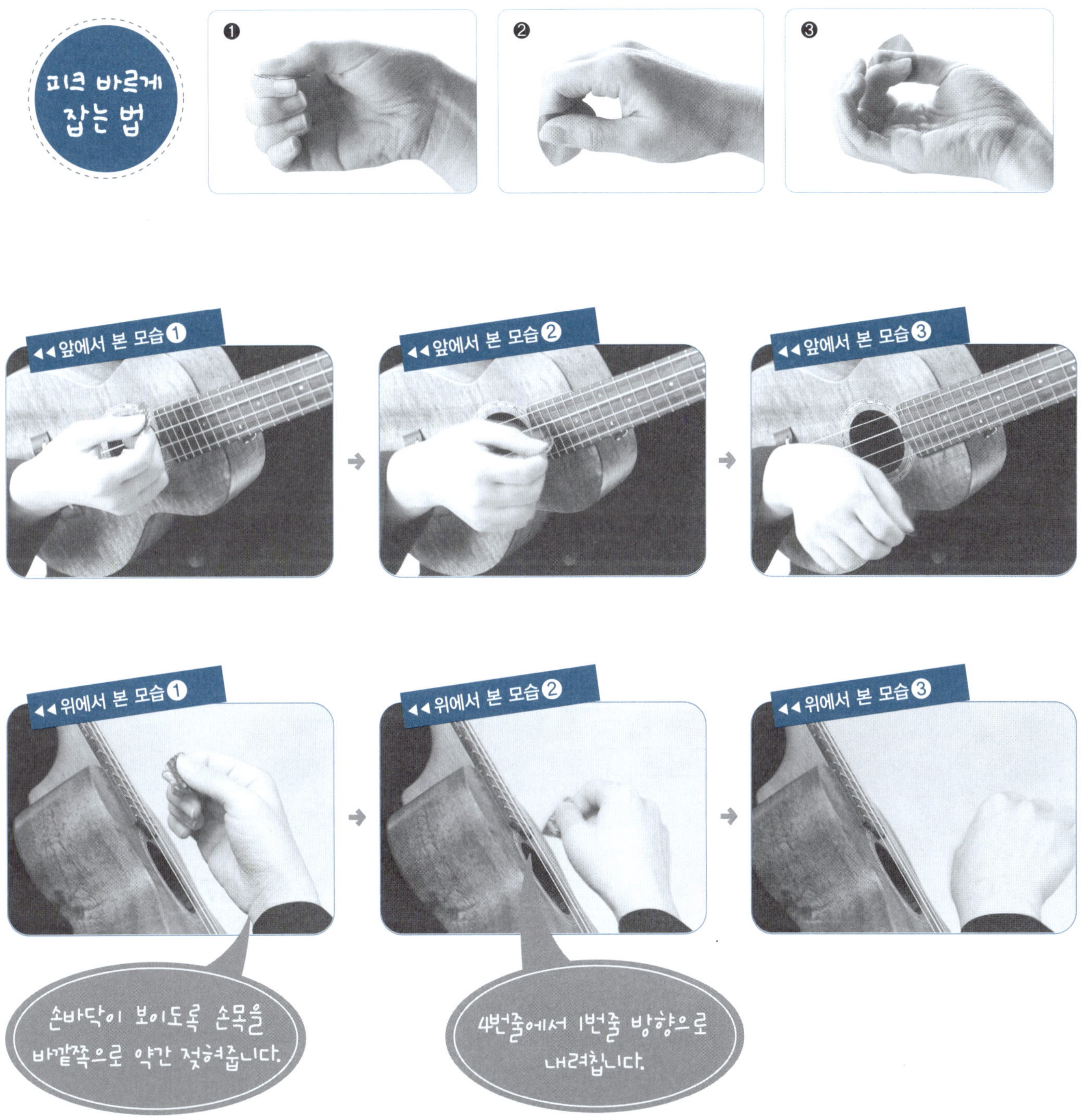

⭐ 집게손가락(또는 피크)을 사용하여 다운 스트로크 연습

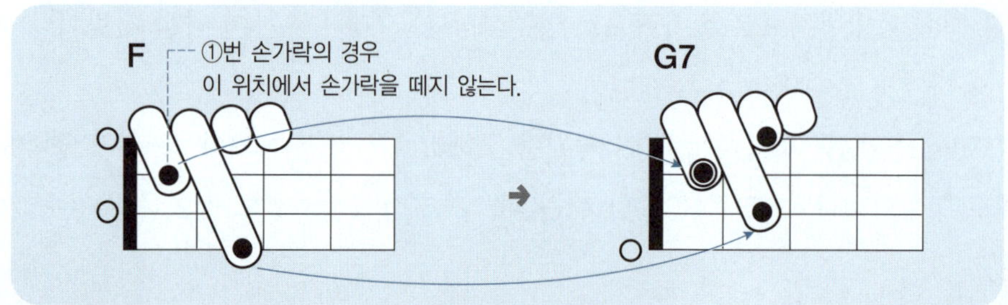

연습 1

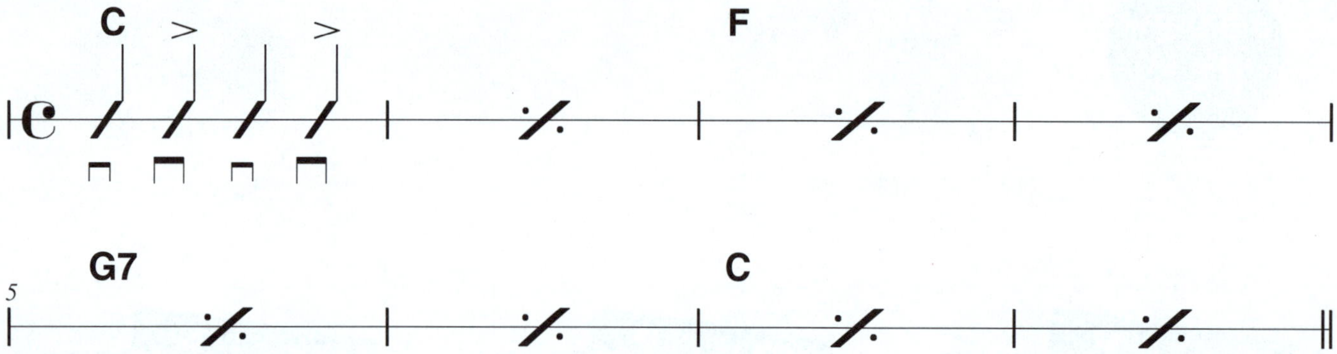

연습 2

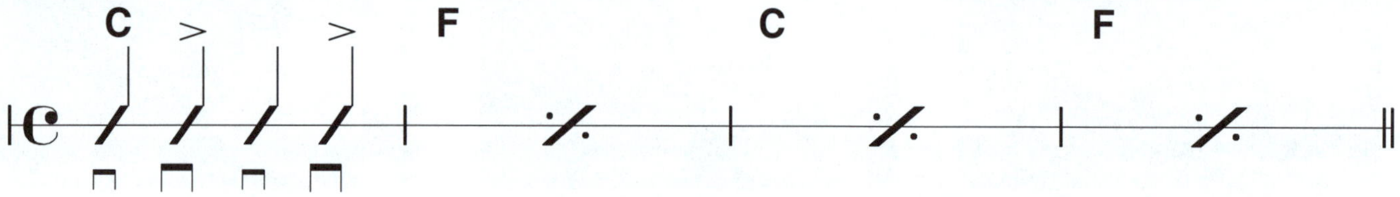

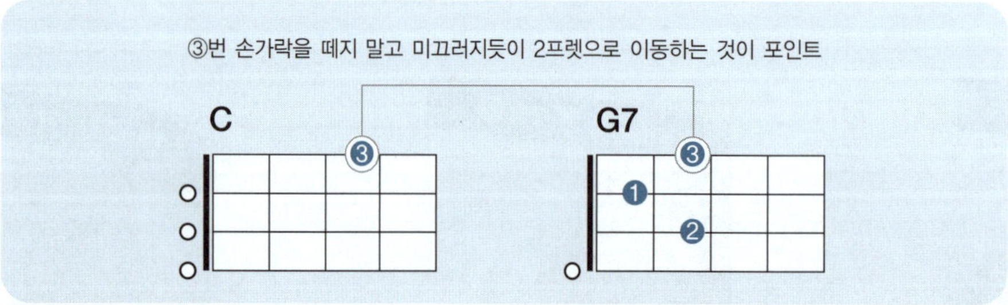

연습 3

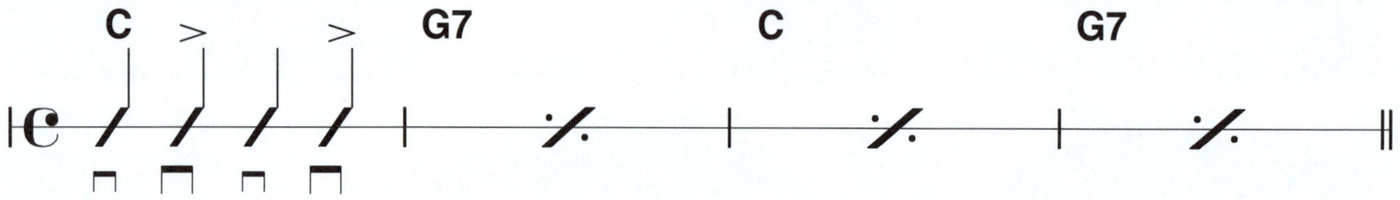

연습 4

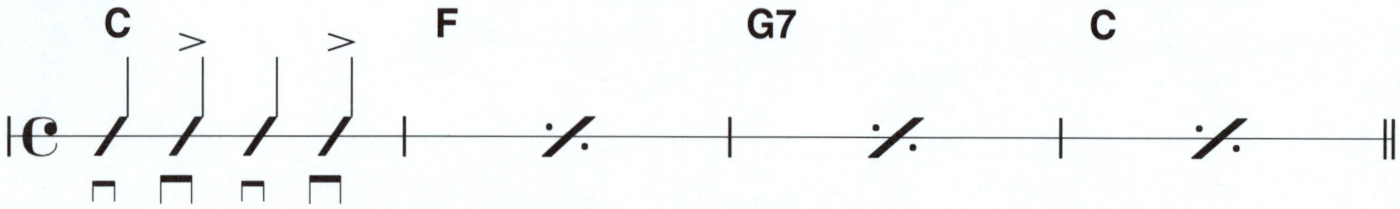

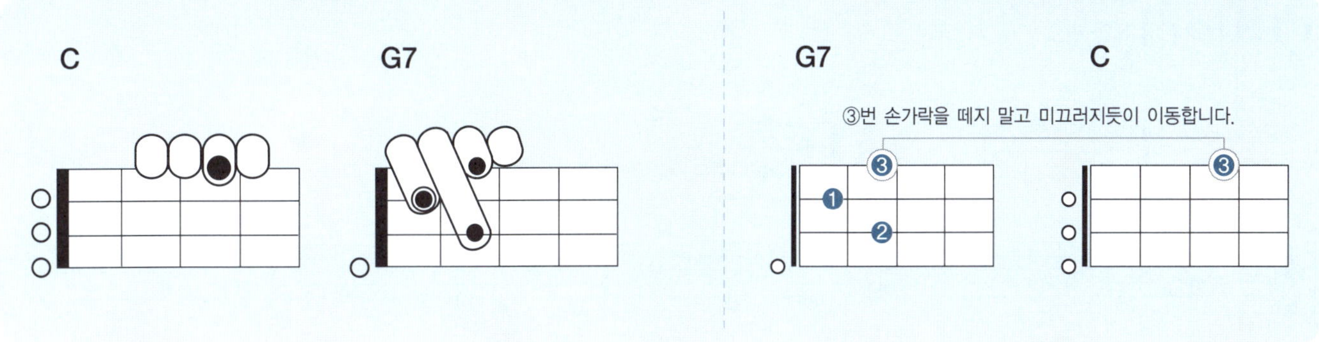

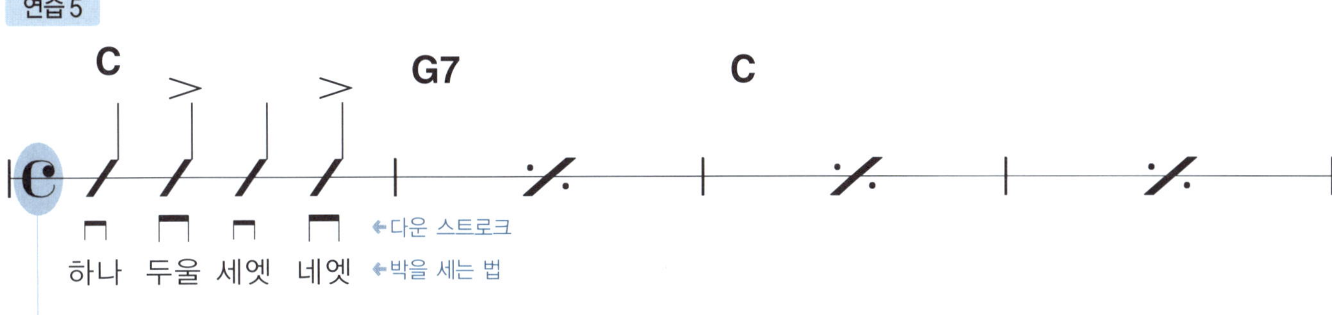

$\frac{4}{4}$ 박자는 한 마디에 4분음표(♩)가 4개 들어 있는 박자이며 **C** 로도 표기합니다.
한 마디에 4번 다운 스트로크 합니다.

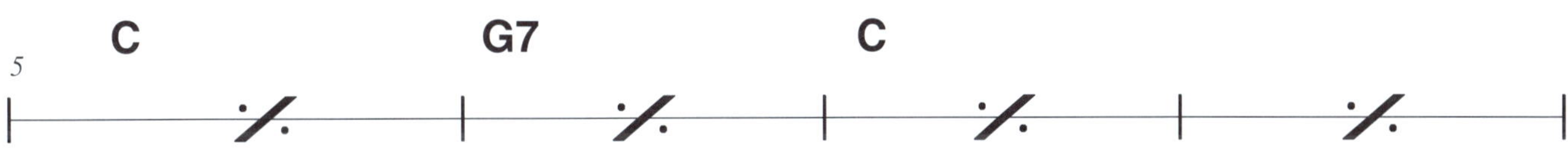

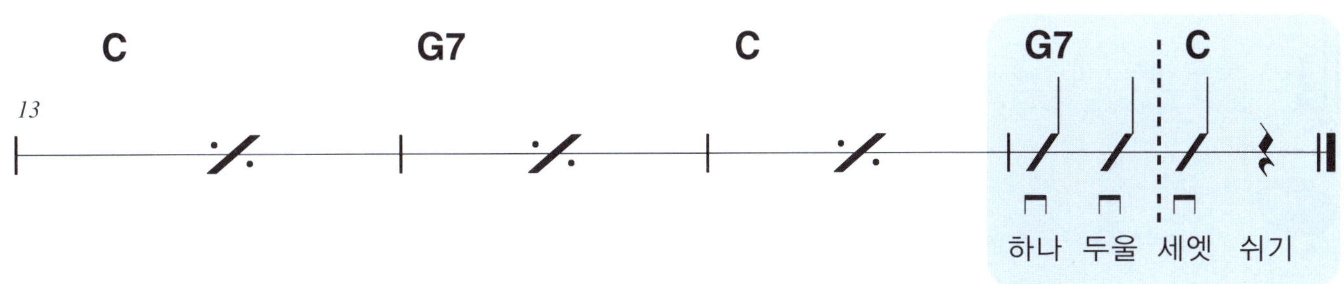

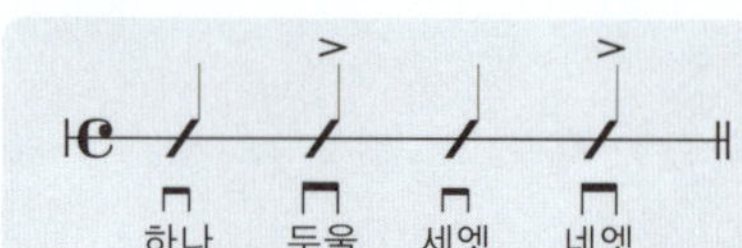

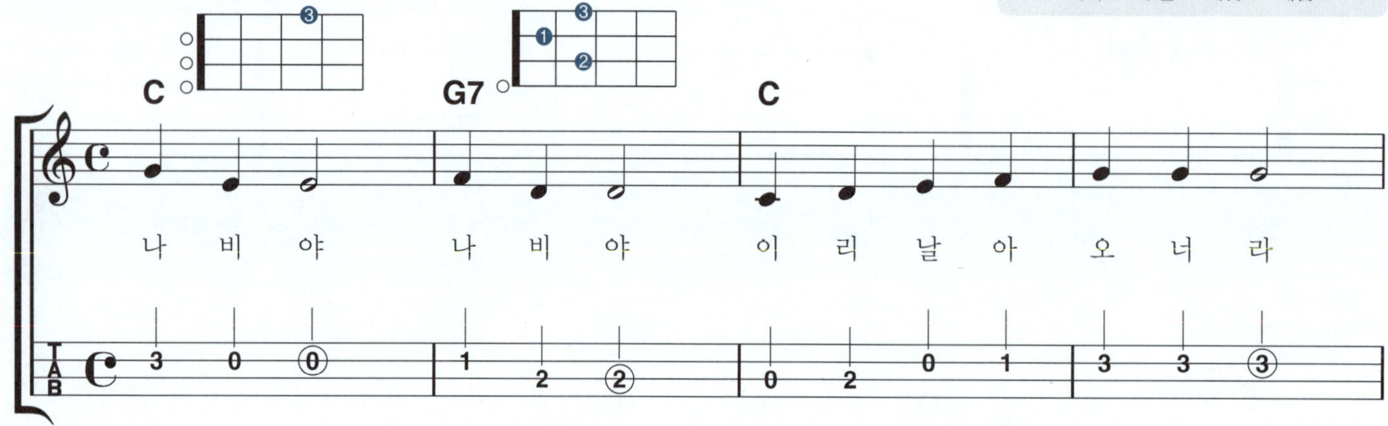

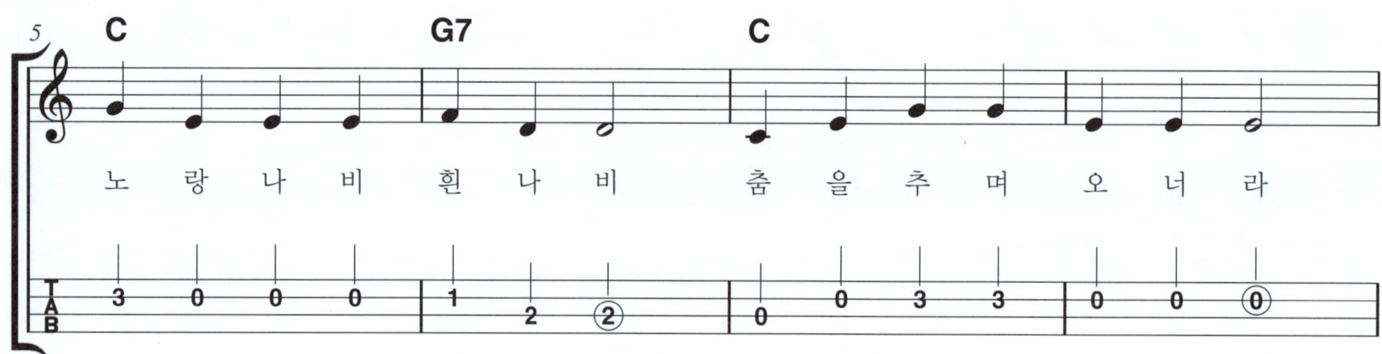

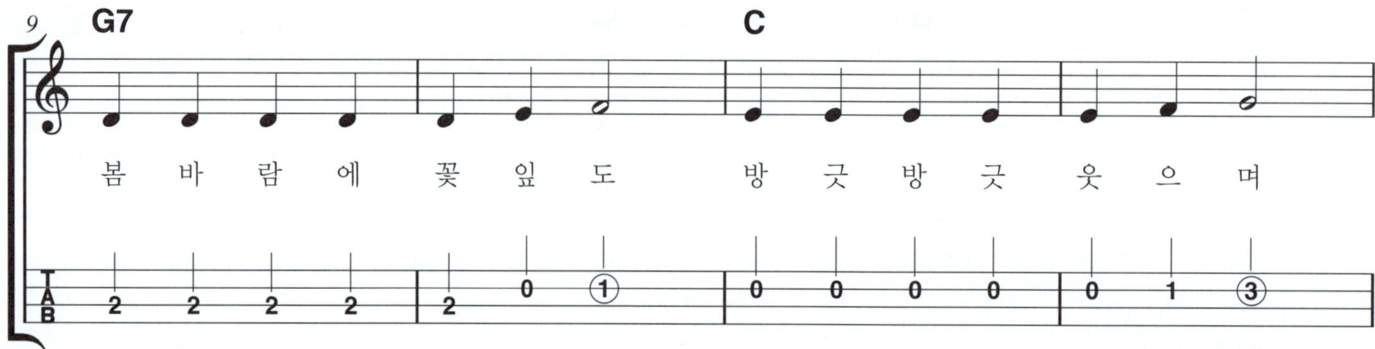

코드 체인지에 주의하세요.

T/P 타브 악보의 멜로디를 연습하며 핑거보드의 음을 익힙니다.

모두가 천사라면 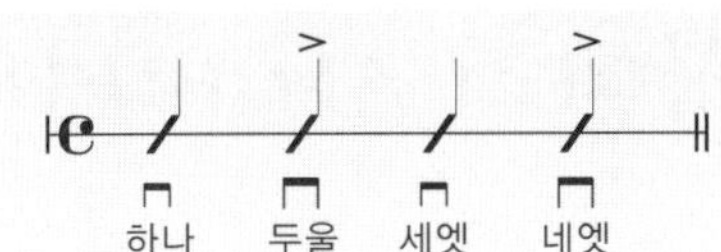

박건호 작사 / 외국 곡

꿍따리 샤바라 | 김창환 작사 / 작곡

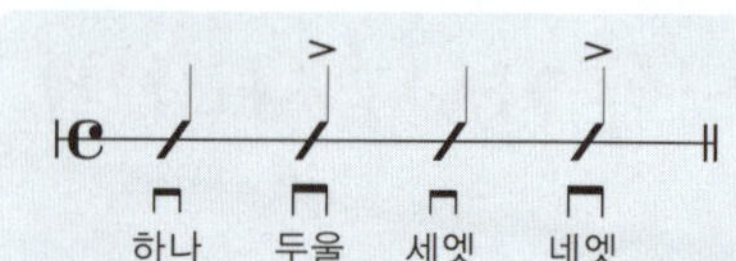

TIP
이 곡은 멜로디의 리듬(박자)이 초보자에겐 어려울 수 있으니 무리하게 멜로디를 연주할 필요는 없습니다.

울면안돼 외국 곡
하나 두울 세엣 네엣
Low-G
C   F   C   F
울 면안 돼   울 면안 돼   산 타할 아버 지는   우 는애 들 에겐
C   G7   C   G7
선 - 물 을 안 주 신 대
C   F   C   F
산 타할 아버 지는   알 고계 신데   누 가착 한앤 지   나 쁜앤 지
C   G7   C   C G7 C
오 늘 밤 에 다 녀 가 신 대

TIP
High-G 악기를 소지한 경우 우선 운지대로 연습한 뒤, 다시 복습할 때 Low-G로 줄을 교체해 연습해봅니다.

털보 영감 | 작자 미상

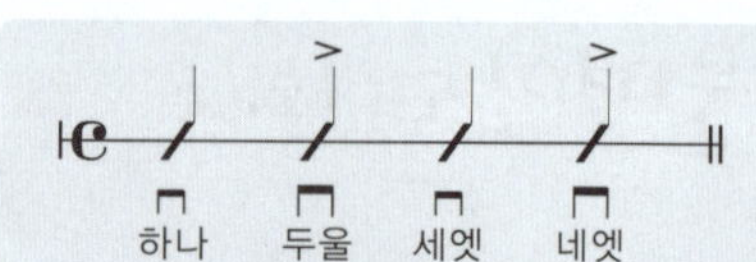

하나 두울 세엣 네엣

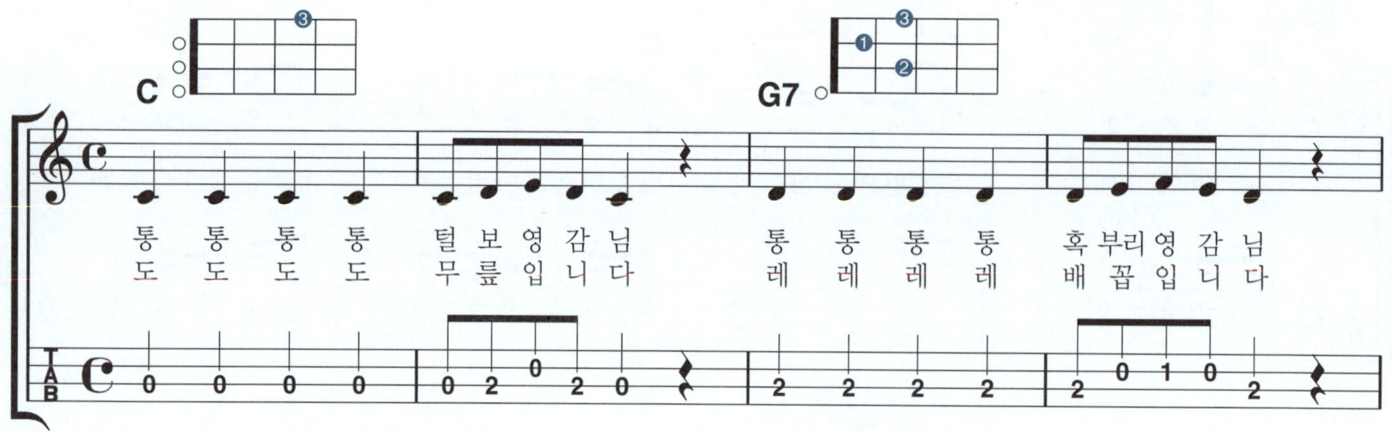

C
G7
통 통 통 통 털보영감님
도 도 도 도 무릎입니다
통 통 통 통 혹부리영감님
레 레 레 레 배꼽입니다

C
F
G7
통 통 통 통 코주부영감님
미 미 미 미 가슴입니다
통 통 통 통 안경영감님
파 파 파 파 어깨랍니다

C
G7
C
G7
C
통 통 통 통 손을위 – 로
솔 솔 솔 솔 머리랍니다
팔랑팔랑팔랑팔랑 손을무릎에
팔랑팔랑팔랑팔랑 손을무릎에

여름냇가 박재훈 작사 / 작곡

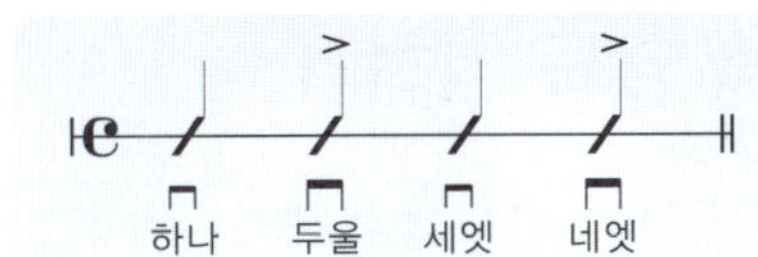

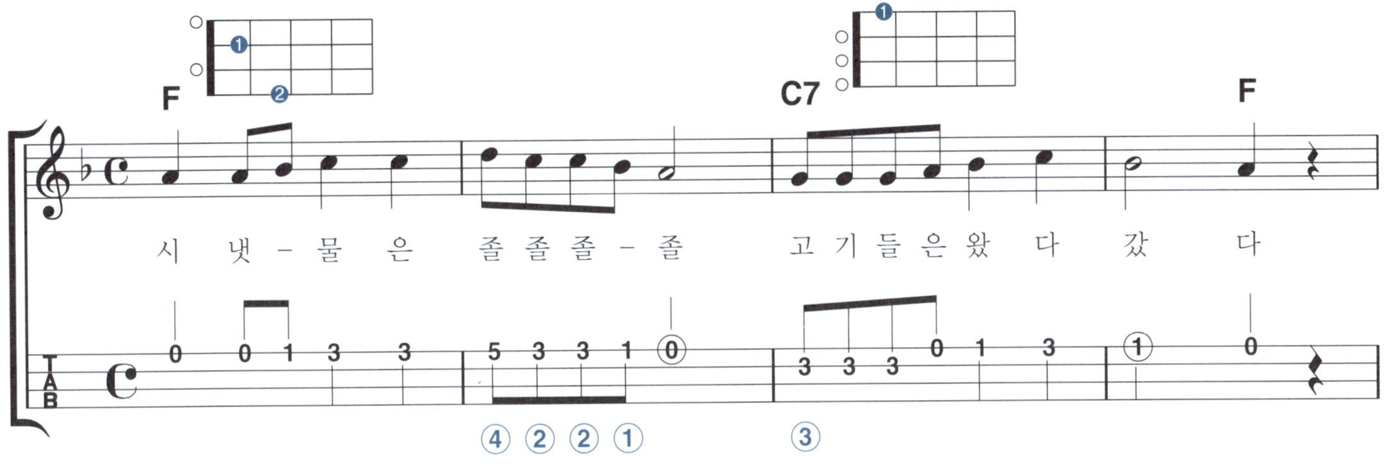

타브 악보 아래에 있는 ①, ②, ③, ④는 왼손 손가락번호(운지번호라고도 함)를 의미합니다.
표기된 손가락을 이용할 경우 연주가 쉽습니다.

★ 쉼표 익히기

쉼표가 있는 부분에서는 오른손 손바닥을 줄에 대어서 음을 끊어 줍니다.

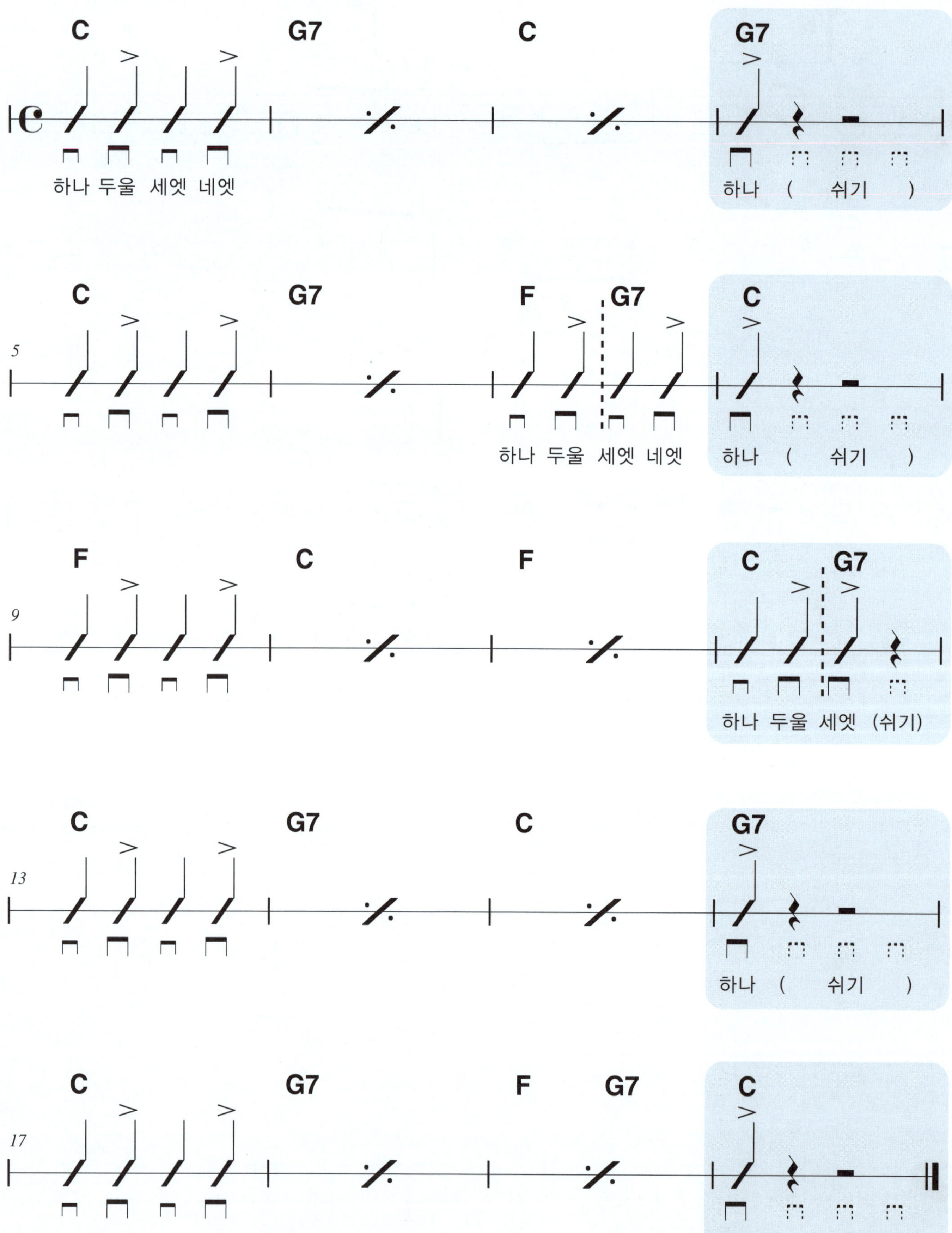

그대로 멈춰라 | 김방옥 작사/작곡

TIP 코드를 반주할 때 42페이지의 스트로크를 참고해서 연주해도 좋습니다.

⭐ 8비트 리듬 스트로크 1

이제부터 8비트 스트로크에 도전해 봅시다. 하지만 아직 코드 체인지가 익숙하지 않다면 4비트 다운 스트로크로 연습할 것을 권합니다. 코드 체인지에 자신감이 생겼을 때 다시 8비트 스트로크에 도전합시다. 파이팅!

■8비트 다운 · 업 스트로크 연습

4분음표(♩)를 1초로 정했을 때 8분음표(♪)는 0.5초이며, ♩를 2초로 정했을 때 ♪는 1초의 길이입니다. 모든 박이 균등한 길이가 되도록 연주합니다.

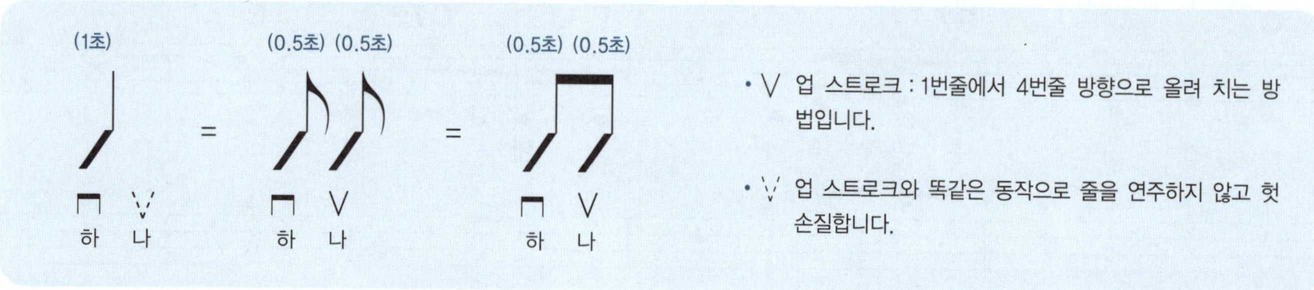

연습 1

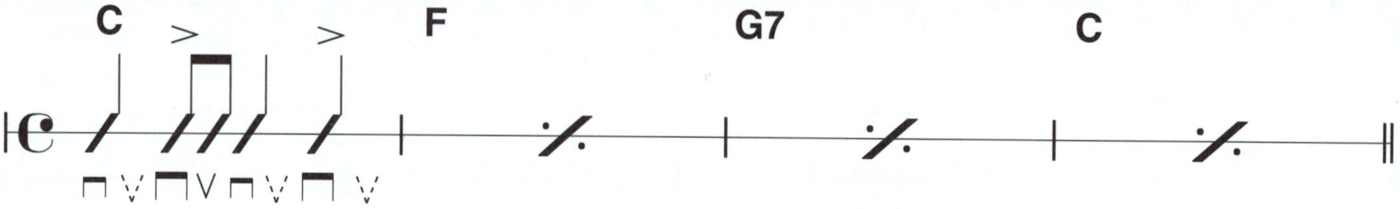

연습 2

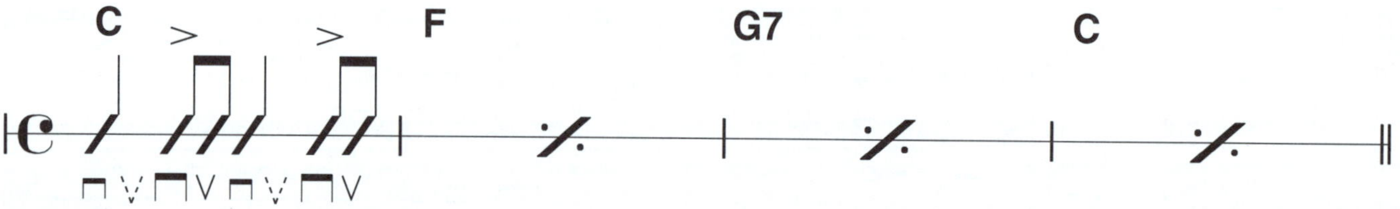

연습 3

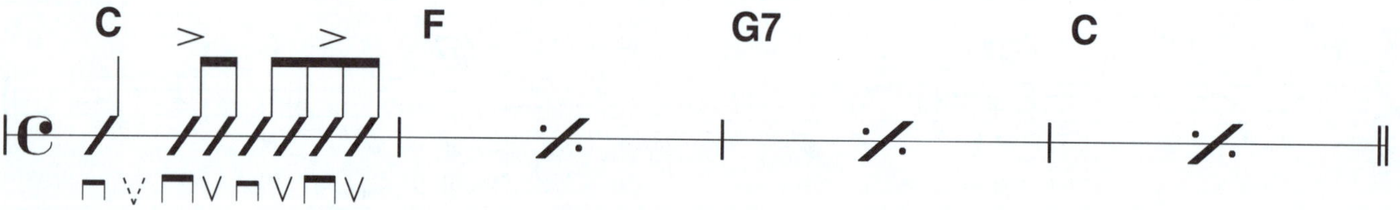

연습 4

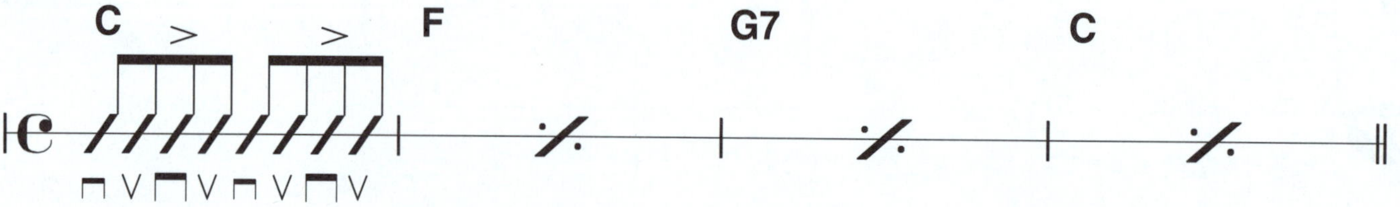

바둑이 방울 | 김규환 작사/작곡
하 나 두 울 하 나 두 울
C G7
달 랑 달 랑 달 랑 달 랑 달 랑 달 랑
C G7 C
바 둑 이 방 울 잘 도 울 린 다
C F G7
학 교 길 에 마 중 나 와 서
C F G7
반 갑 다 고 꼬 리 치 며 따 라 온 다
C G7
달 랑 달 랑 달 랑 달 랑 달 랑 달 랑
C G7 C
바 둑 이 방 울 잘 도 울 린 다

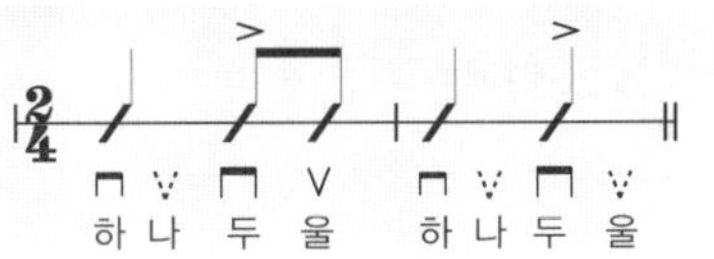

TIP

멜로디 연주시 솔(G)음은 2번줄 3프렛으로 연주해도 되고, 4번줄 개방현으로 연주해도 됩니다.

8비트 리듬이 어려울 경우 4비트 다운 스트로크로 연주해도 괜찮습니다. 실력이 향상된 뒤에 8비트에 도전 하세요.

★ Dm, Am, D7코드 익히기

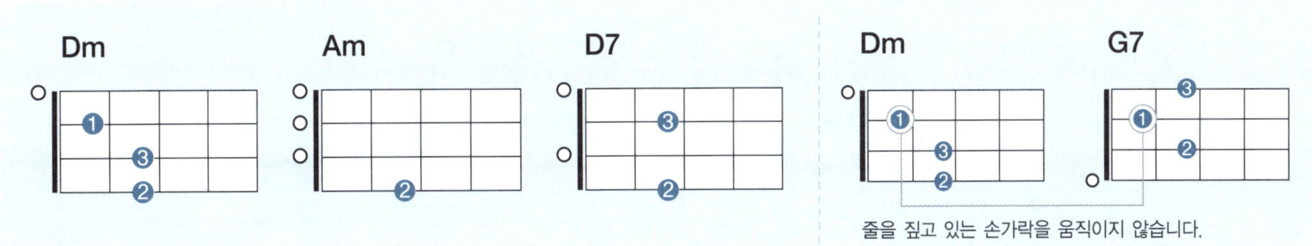

연습 1

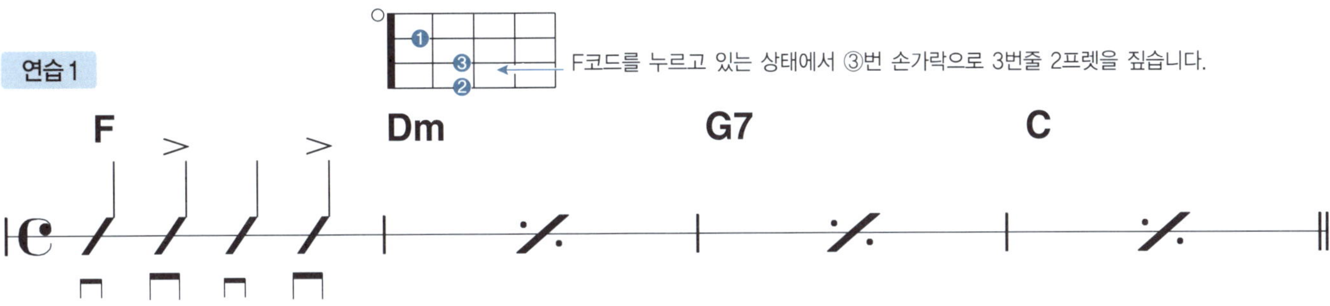

연습 2

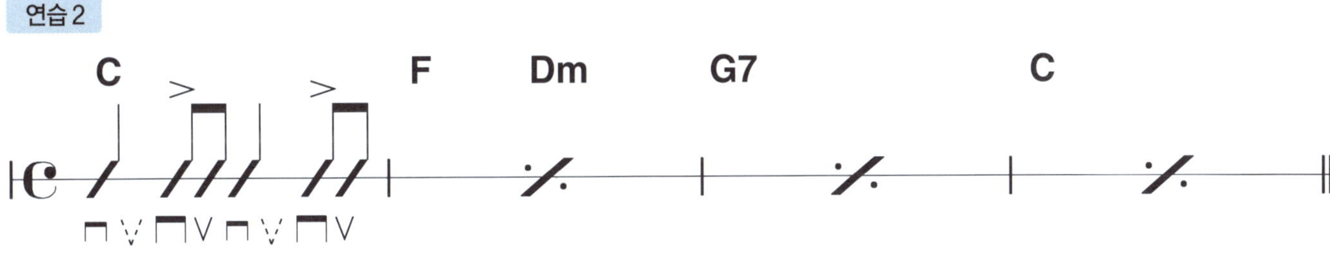

연습 3

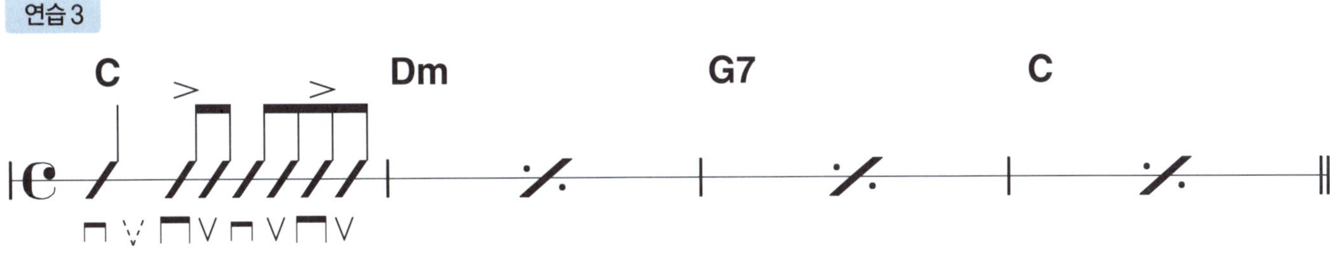

연습 4

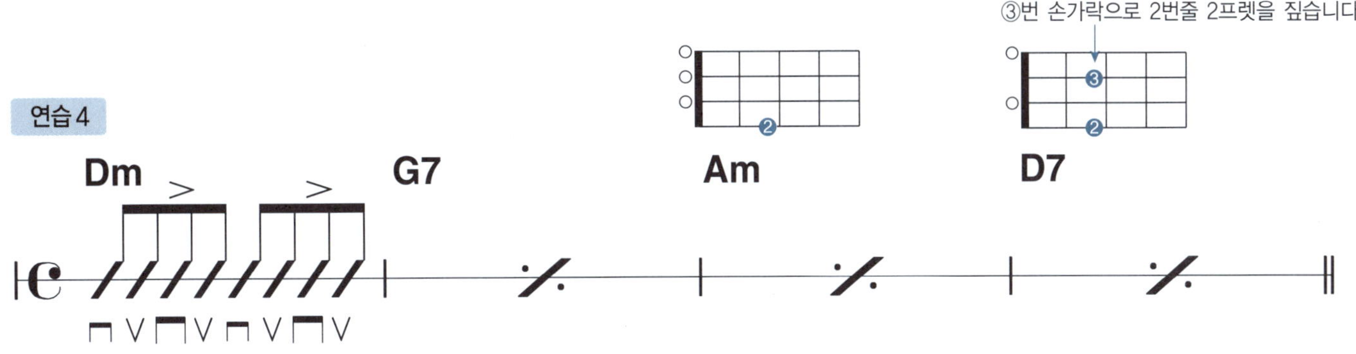

조개껍질 묶어
윤형주 작사 / 작곡
C   Dm   G7   C
하나 두 울 세 엣 네 엣
조 개 껍 질 묶 어 – 그 녀 의 목 에 걸 고 –
C   F   G7   C
불 가 에 마 주 앉 아 – 밤 새 속 삭 이 네 –
C   Dm   G7   C
저 멀 리 달 그 림 자 – 시 원 한 파 도 소 리 –
랄 라 라 라 라 라 라 – 랄 라 라 라 라 라 –
C   F   G7   C
여 름 밤 은 깊 어 만 가 고 잠 은 오 지 않 네 –
랄 랄 라 랄 라 랄 랄 라 라 랄 랄 라 라 라 라 –

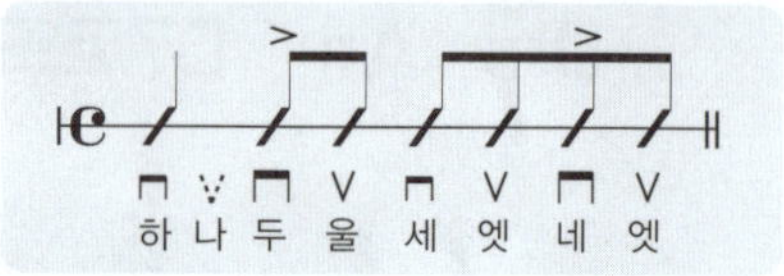

올챙이와 개구리 | 윤현진 작사/작곡

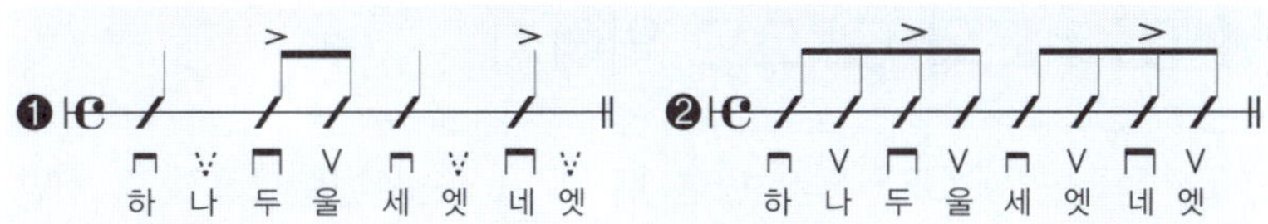

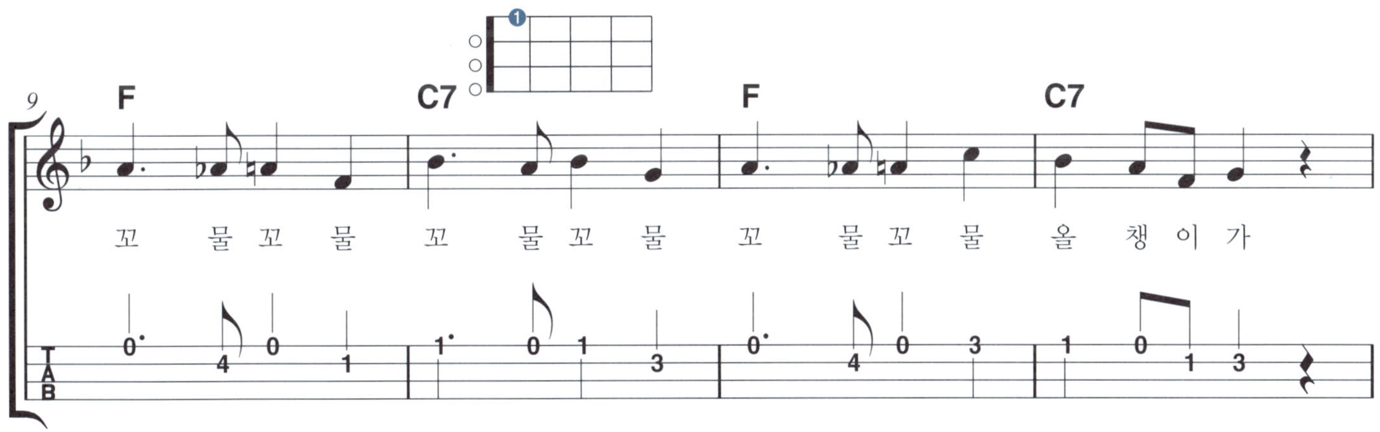

⭐ D7코드와 G7코드 익히기

D7코드 뒤에 G7코드가 나올 때 D7코드는 4번줄 2프렛을 ②번 손가락, 2번줄 2프렛을 ③번 손가락으로 짚습니다.

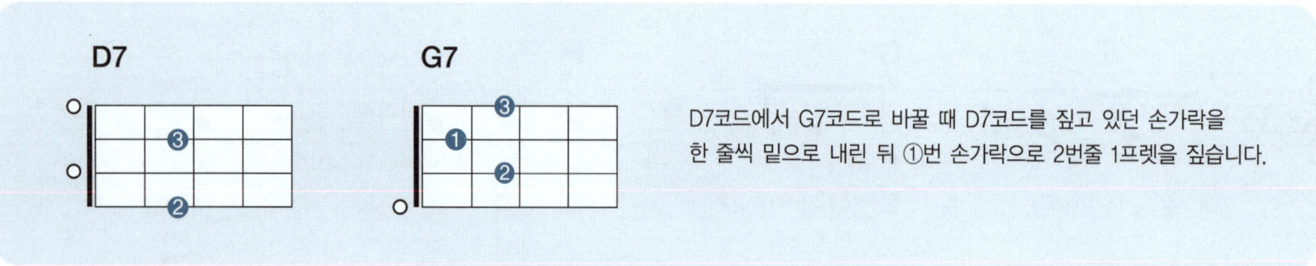

연습 1

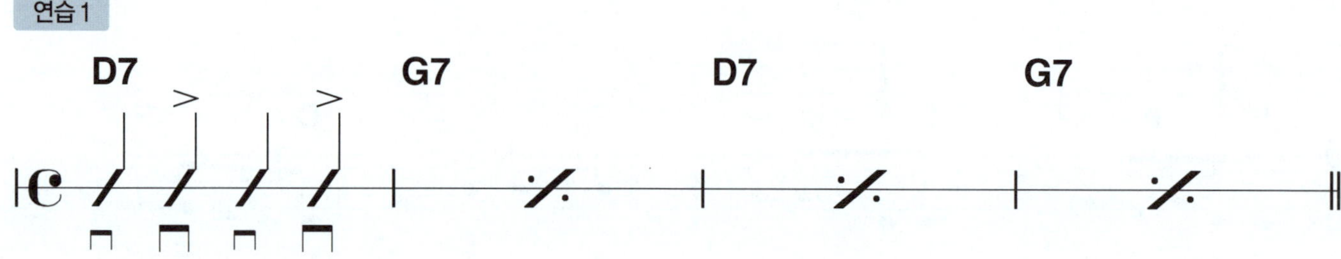

연습 2

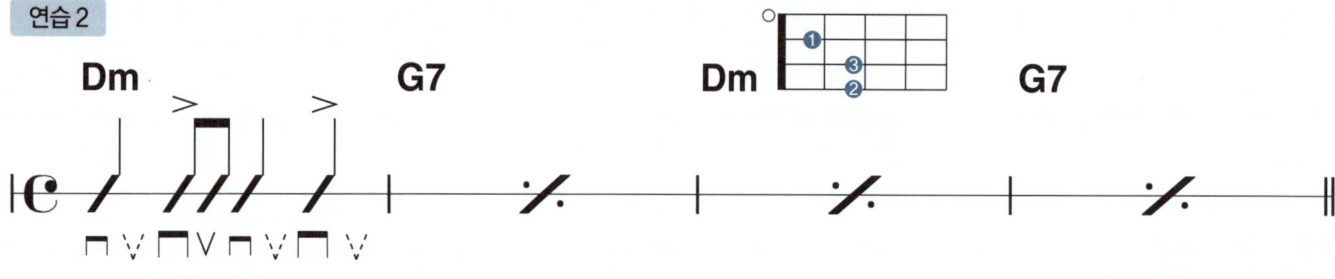

연습 3

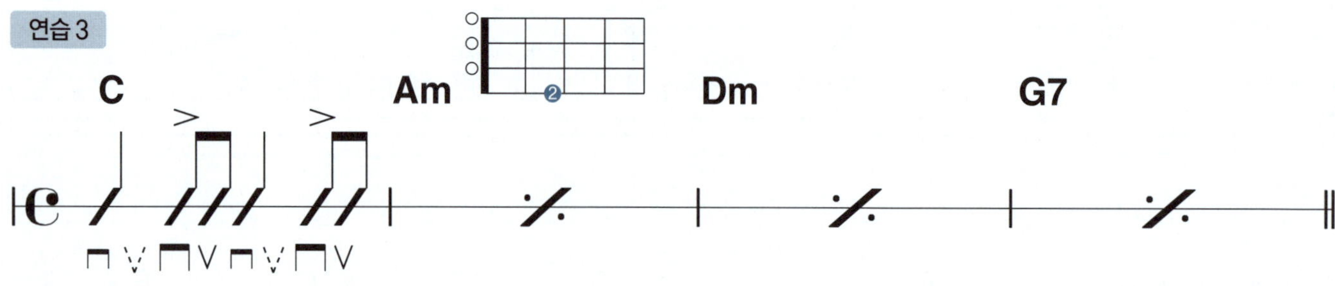

연습 4

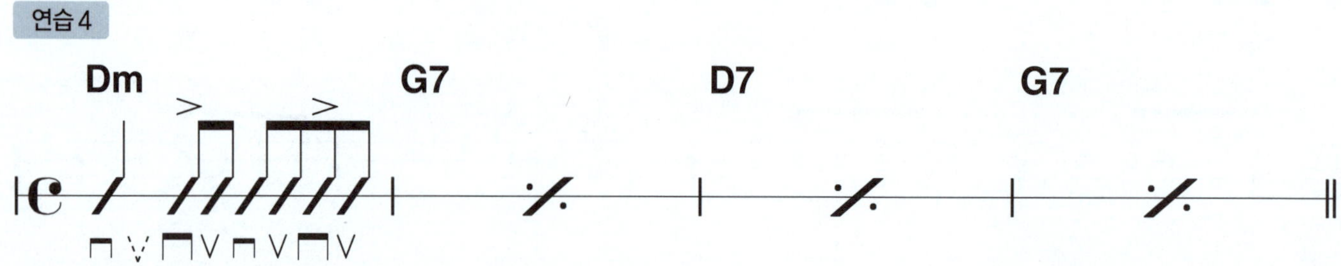

⭐ Em코드 익히기

　Em코드는 처음 연습할 때 한 번에 짚지 말고 4번줄부터 1번줄 방향으로 한 박에 한 음씩 짚어나갑니다. 대부분의 초보자들은 코드 체인지를 하기 위해서 노래반주 중간에 멈추는데 이런 습관은 바람직하지 않습니다. 그러므로 음을 한박에 하나씩 짚어 나가면서 해당 마디 끝부분에서 코드를 모두 짚을 수 있도록 연습합니다.

　이런 방식으로 연습하다 보면 머지않아 단번에 코드를 짚을 수 있게 됩니다. 앞으로 어려운 코드가 나오면 이 방법을 적용해서 연습하도록 합니다.

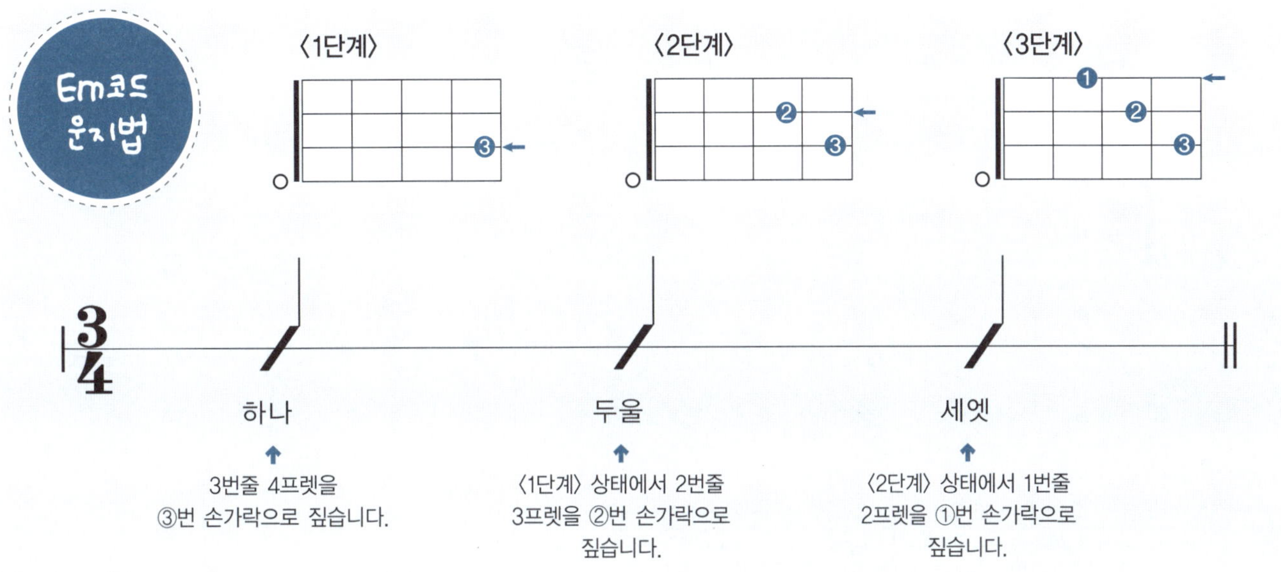

　왼손 손가락으로 한 음씩 짚으면서 오른손으로는 한 박에 한 번씩 다운 스트로크합니다.

　8비트 스트로크 도중에 Em코드와 같이 한 번에 잡기 힘든 코드가 나오면 4비트 다운 스트로크로 한 음씩 짚으면서 연습합니다. 이 방법은 어려운 코드에 익숙해질 때까지 임시 연습방법입니다.

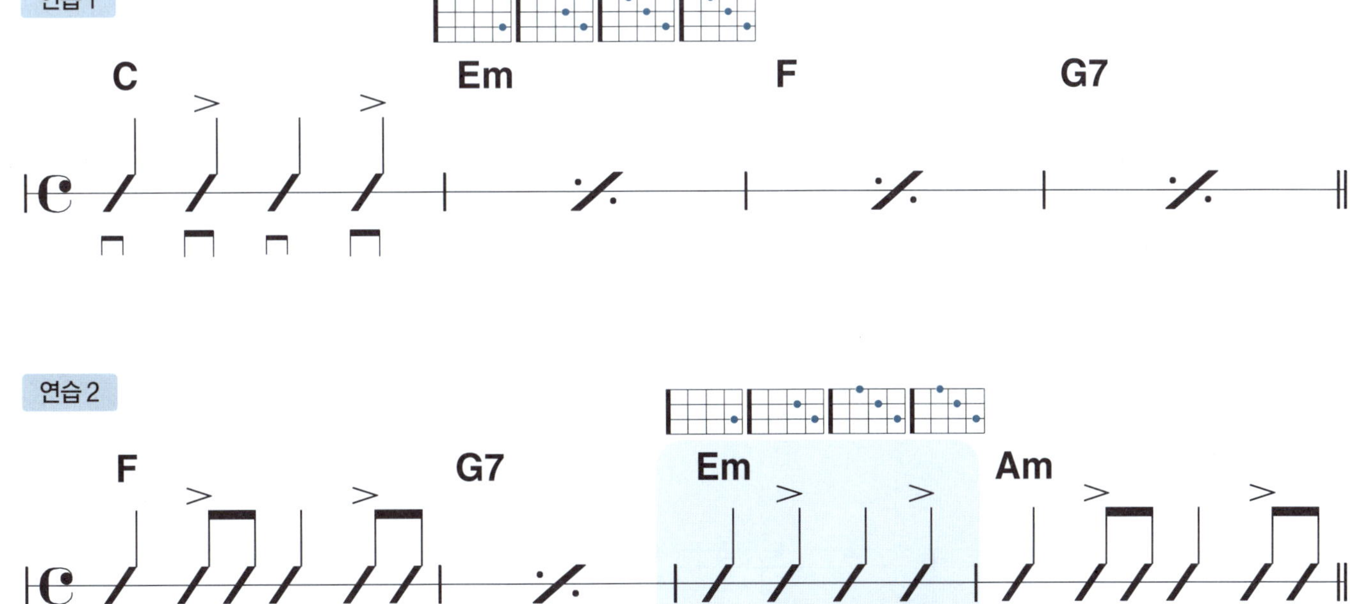

창밖을 보라 외국 곡

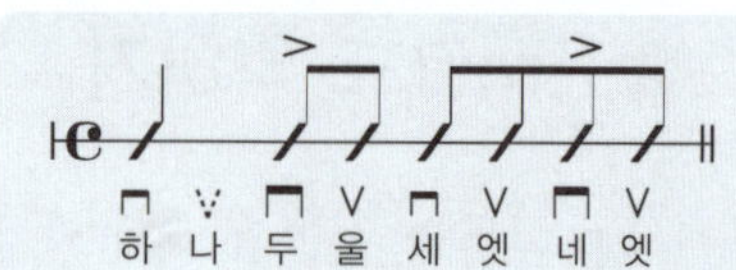

하 나 두 울 세 엣 네 엣

C
G7
창 밖 을 보 라 창 밖 을 보 라 흰 눈 이 내 린 다

G7
C
창 밖 을 보 라 창 밖 을 보 라 찬 겨 울 이 왔 다

C
G7
썰 매 를 타 는 어 린 애 들 은 해 가 는 줄 도 모 르 고

G7
C
눈 길 위 에 다 썰 매 를 깔 고 즐 겁 게 달 린 다

F
C
C7
긴 긴 해 가 다 가 고 - 어 둠 이 오 면
F
D7
G7
오 색 빛 이 찬 란 한 - 거 리 거 리 에 성 탄 빛
C
G7
추 운 겨 울 이 다 가 기 전 에 마 음 껏 즐 기 자
G7
C (G7 C)
맑 고 흰 눈 이 새 봄 빛 속 에 사 라 지 기 전 에

루돌프 사슴코 | 외국 곡

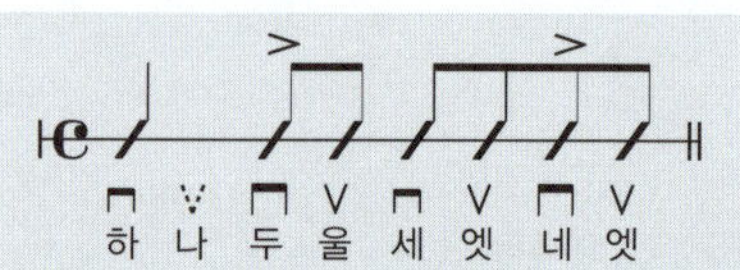

하 나 두 울 세 엣 네 엣

C
G7
루 돌 프 사 슴 코 는   매 우 반 짝 이 는 코

G7
C
만 일 내 가 봤 다 면   불 붙 는 다 했 겠 지

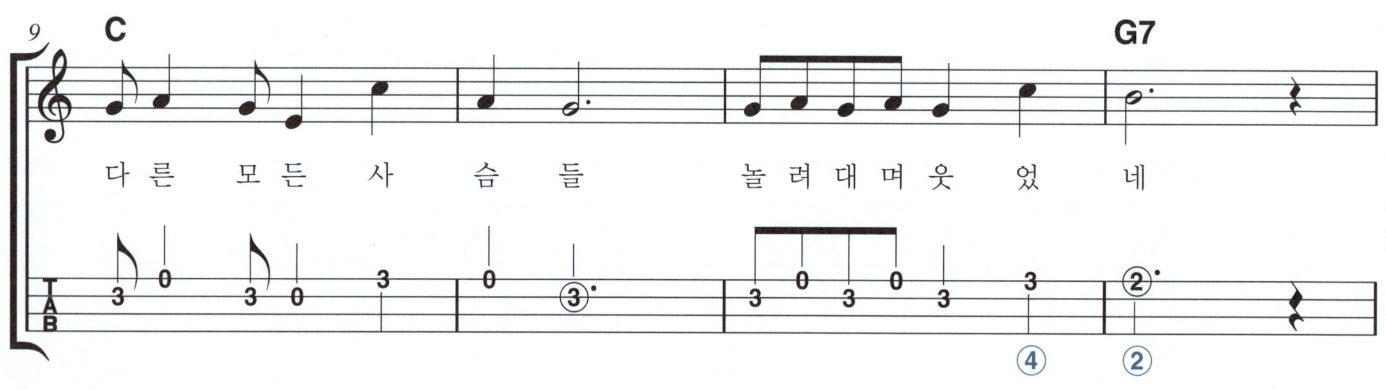

C
G7
다 른 모 든 사 슴 들   놀 려 대 며 웃 었 네

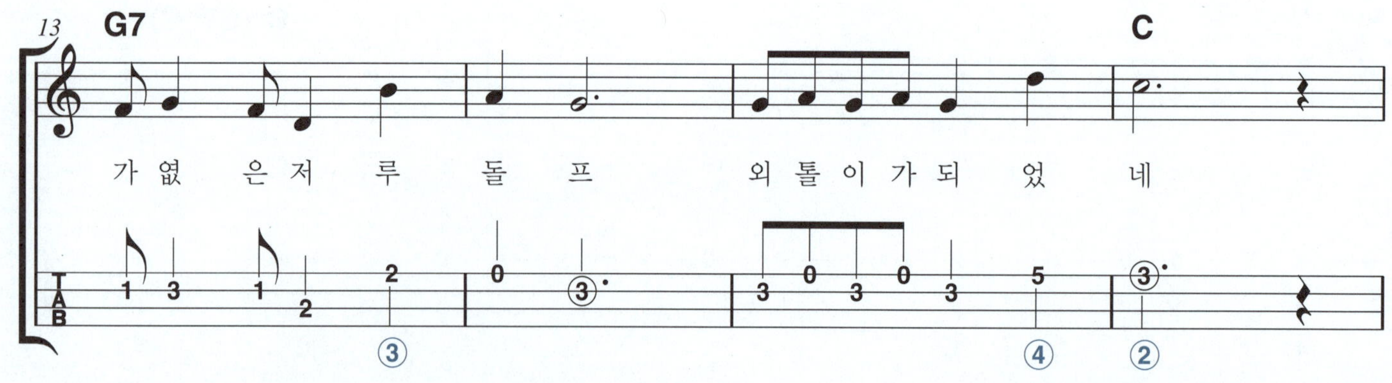

G7
C
가 엾 은 저 루 돌 프   외 톨 이 가 되 었 네

F   C   F   C
안 개 낀 성 탄 절 날 – 산 타 말 하 길
Dm   G7   D7   G7
루 돌 프 코 가 밝 으 니 – 썰 매 를 끌 어 주 렴
C   G7
그 후 론 사 슴 들 이   그 를 매 우 사 랑 했 네
G7   C   C G7 C
루 돌 프 사 슴 코 는   길 이 길 이 기 억 되 리

★ D7코드와 G코드 익히기

G코드와 D7코드가 나올 때 D7코드는 ①, ②번 손가락을 사용합니다.

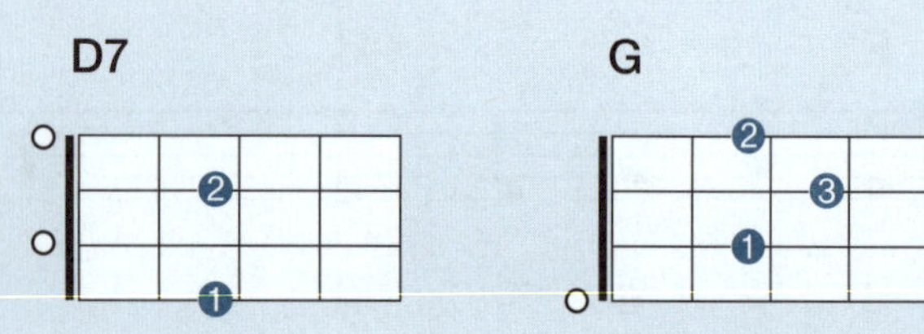

연습 1

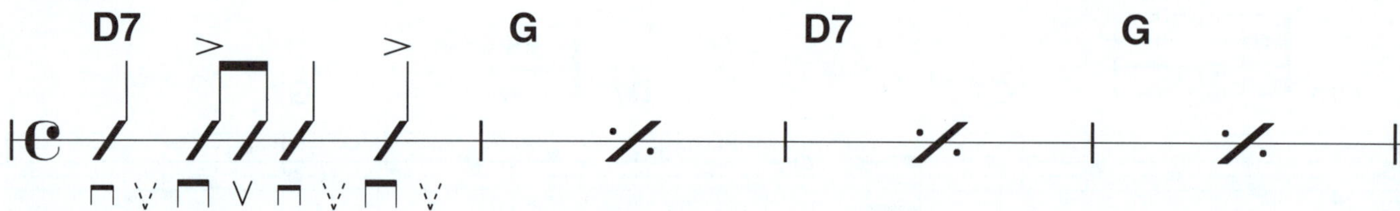

연습 2

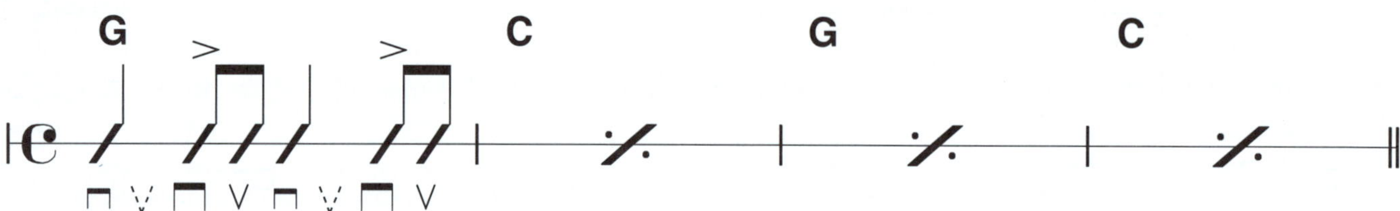

연습 3

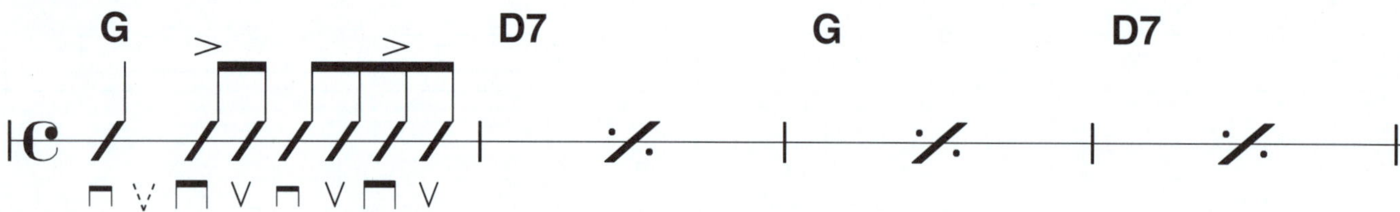

연습 4

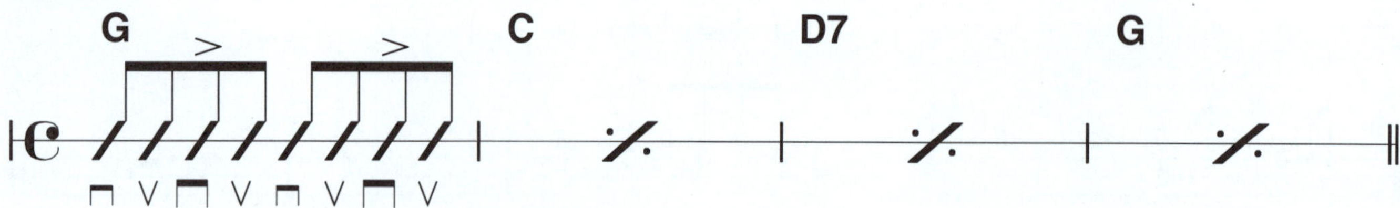

오블라디 오블라다 | J. Lennon & P. McCarteny

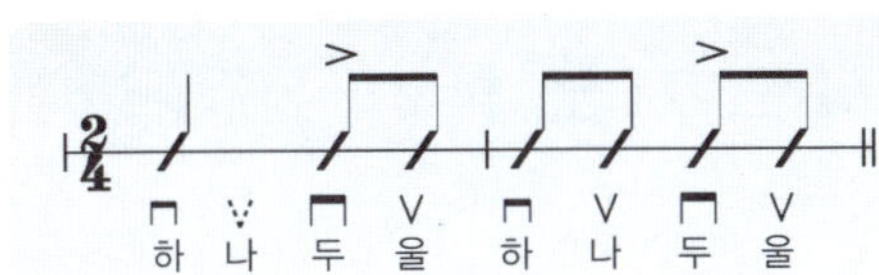

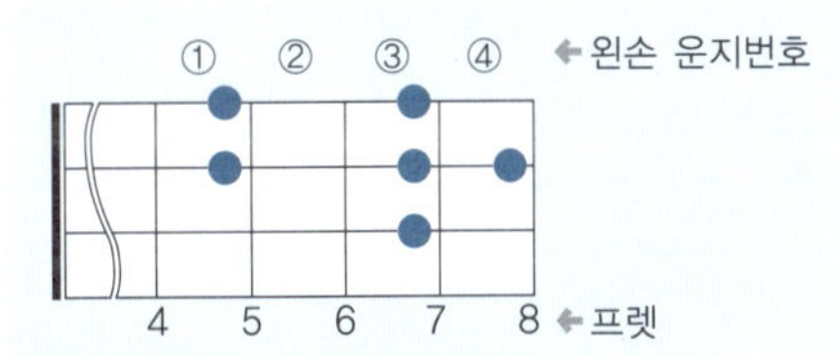

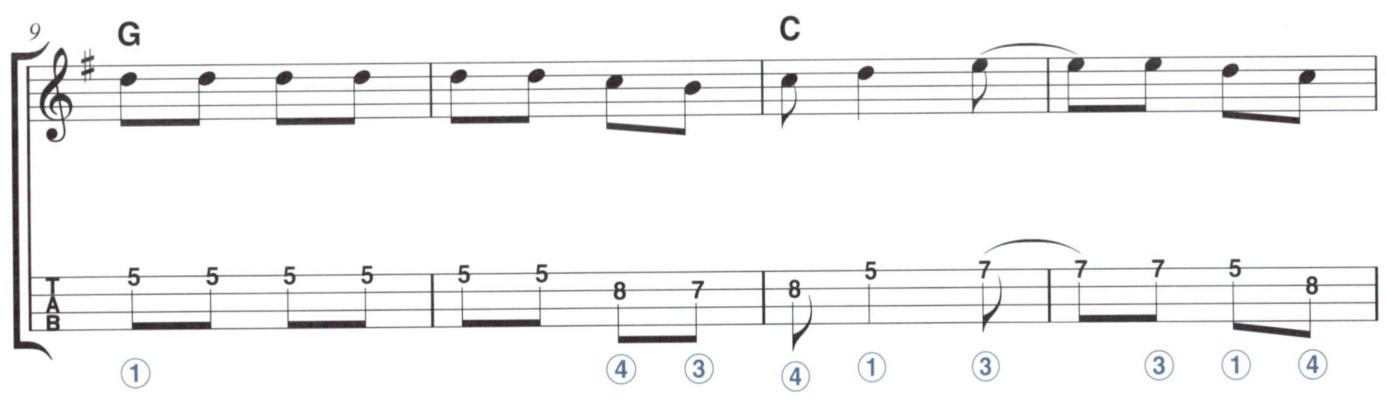

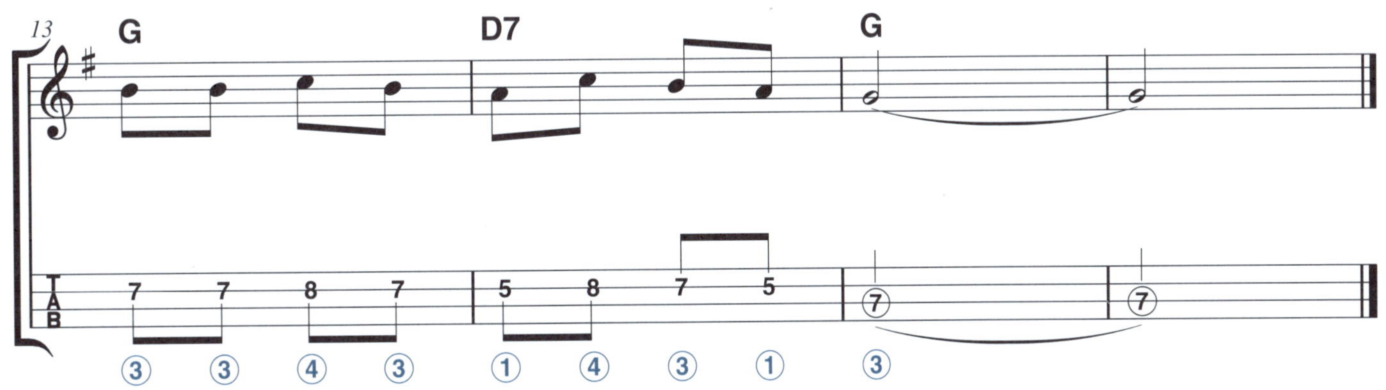

피노키오

지명길 작사 / 김용년 작곡

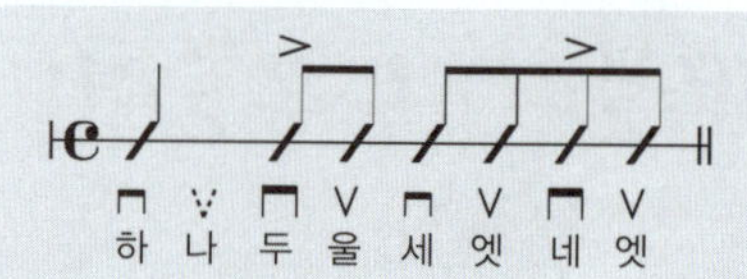

하 나 두 울 세 엣 네 엣

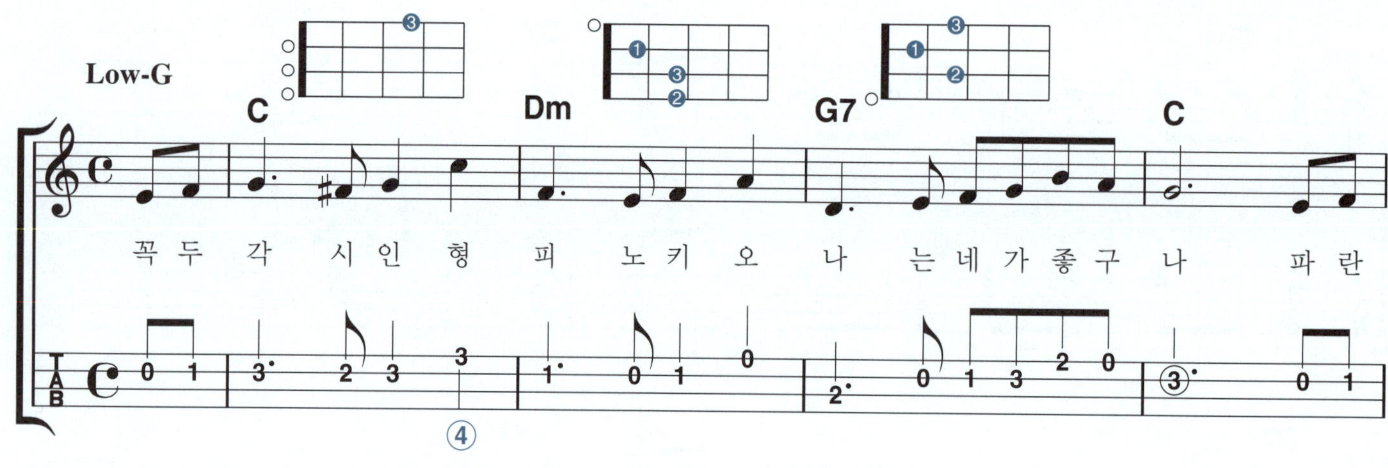

Low-G
C   Dm   G7   C
꼭 두 각 시 인 형 피 노 키 오 나 는 네 가 좋 구 나   파 란

C   Dm   G7   C
머 리 천 사 만 날 때 는 나 도 데 려 가 주 렴   피 아

F   C   G7   C
노 치 고 미 술 도 하 고 영 어 도 하 면 바 쁜 데   너 는

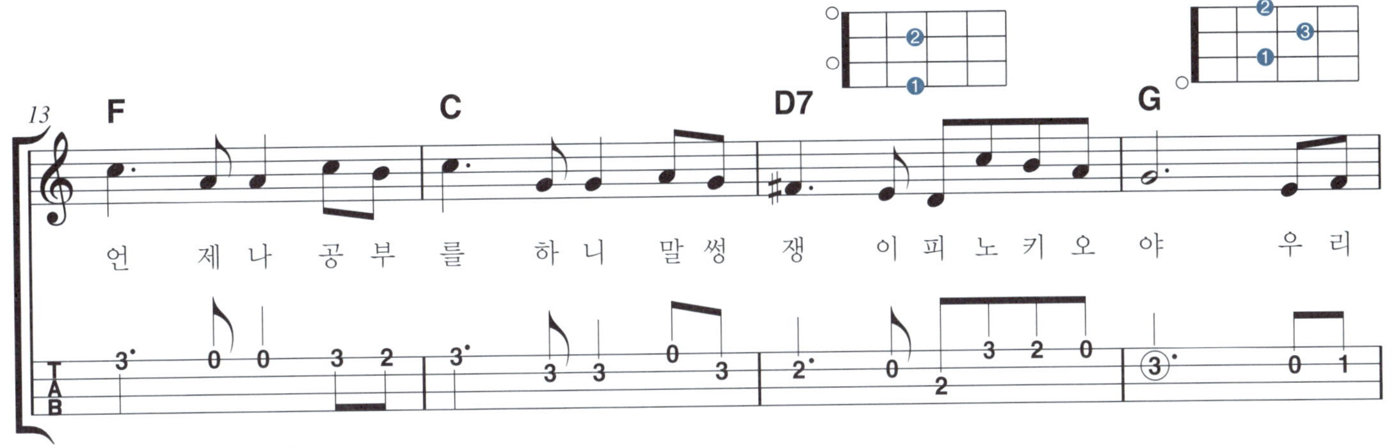

13
F   C   D7   G
언 제 나 공부를 하니 말썽 쟁 이피노키오야 우 리

17
C   Dm   G7   C
아 빠꿈 속에 오 늘 밤에나타나 내애 기좀전해줄수없겠 니 먹 고

21
C   Dm   G7   C
싶 은 것 이랑 놀 고 싶 은 것 이랑 모 두 모 두할수있 게해줄 래

또 만나요 오세은 작사 / 작곡

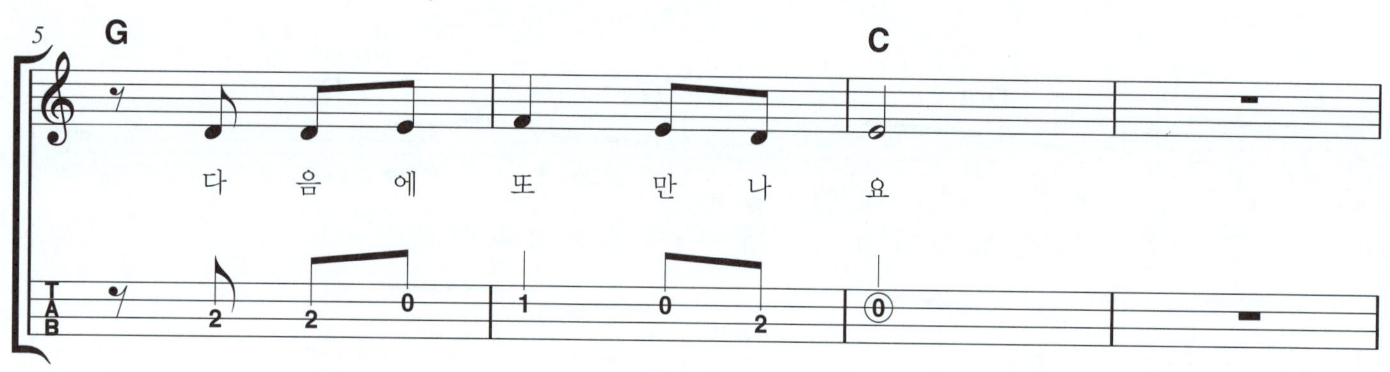

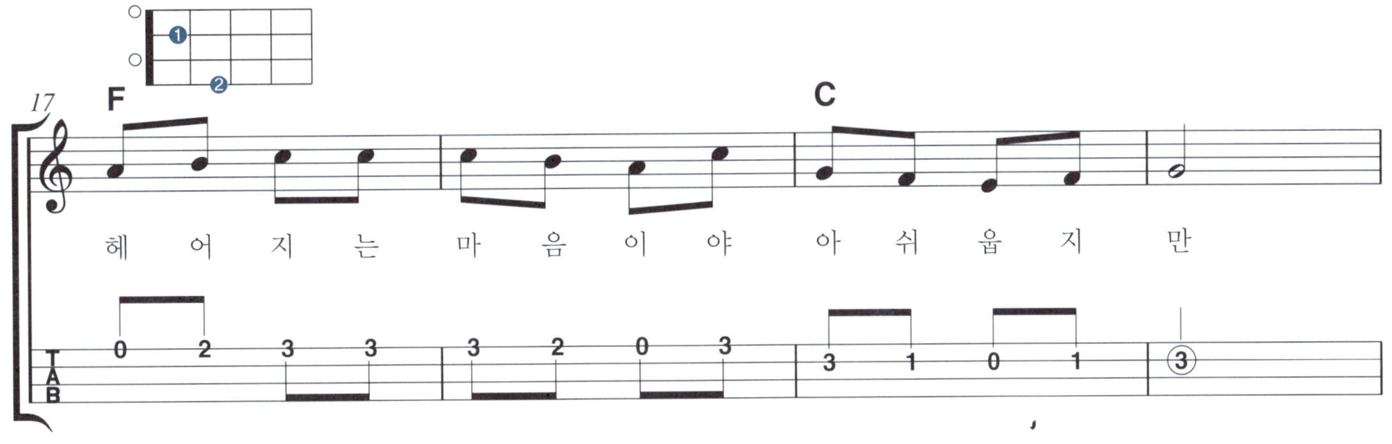

F
C
헤 어 지 는 마 음 이 야 아 쉬 웁 지 만

G
C
웃 으 면 서 헤 어 져 요

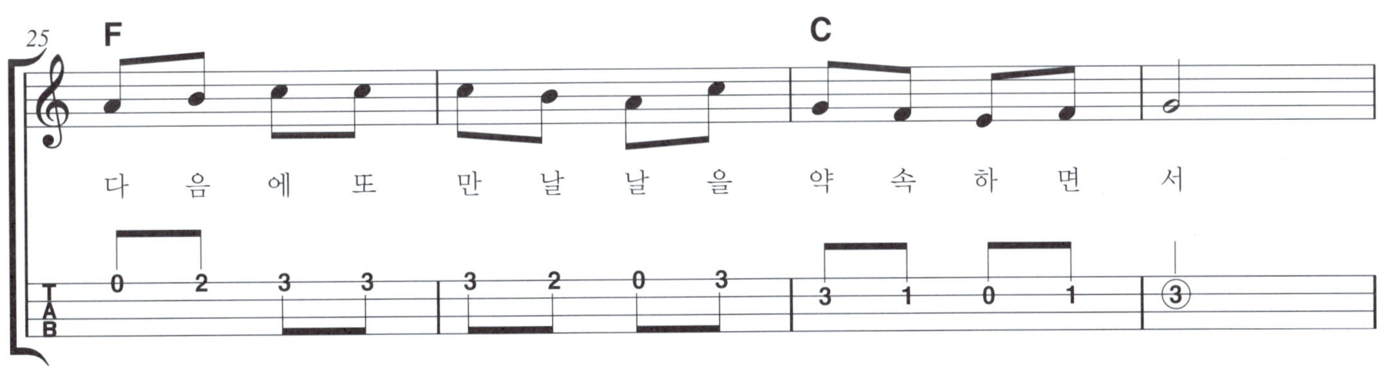

F
C
다 음 에 또 만 날 날 을 약 속 하 면 서

G
C
이 제 그 만 헤 어 져 요

Happy Birthday To You Mildred Hill & Patty Hill

↑ : 4번줄에서부터 엄지손가락으로 다운 스트로크합니다.

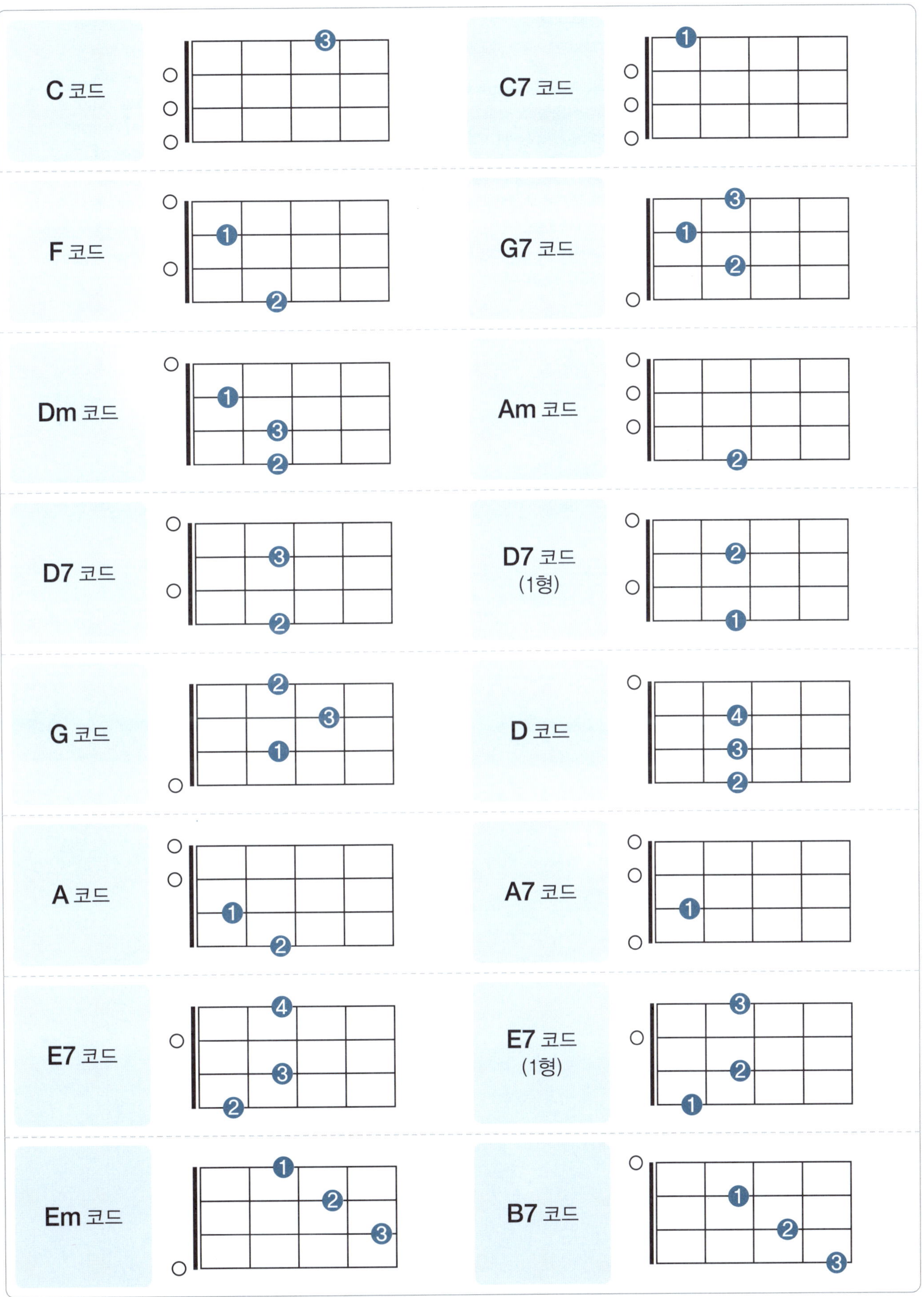

C 코드
C7 코드
F 코드
G7 코드
Dm 코드
Am 코드
D7 코드
D7 코드 (1형)
G 코드
D 코드
A 코드
A7 코드
E7 코드
E7 코드 (1형)
Em 코드
B7 코드

Profile

저자 강경애

<학 력>
- 인하대학교 철학과 졸업
- 동아방송예술대학 영상음악과 졸업(기타 전공)
- 청운대학교 산업기술경영대학원 실용음악 전공

<약 력>
- 現 한국기타우쿨렐레교육협회 회장
- 現 리디안 우쿨렐레 오케스트라 고문
- 現 기타, 우쿨렐레 등록민간자격 교육기관장

<경 력>
- 문화회관, 여성회관, 중학교 특기적성 지도교사
- 인하대, 경인교육대학교 평생교육원 강사
- 서울신학대학교 출강
- 중등교사 직무연수 강의 (기타, 우쿨렐레)
- 다수의 공연 연주활동

<저 서>
- 왕초보자를 위한 아이러브 우쿨렐레 (디자인 기타)
- 강경애의 미치도록 쉬운기타1 (삼호 ETM)
- 강경애의 왕! 초보 우쿨렐레 (삼호 ETM)
- 강경애의 왕! 중급 우쿨렐레 (삼호 ETM)
- 강경애의 미치도록 쉬운기타2 (삼호 ETM)
- 강경애의 왕! 쉬운 우쿨렐레1,2 (삼호 ETM)
- 강경애의 왕! 좋은 우쿨렐레 (삼호 ETM)
- 강경애의 왕! 쉬운 칼림바 (삼호ETM)
- [개정판] 강경애의 미치도록 쉬운기타1, 2 (삼호ETM)
- [개정판] 강경애의 왕! 쉬운 우쿨렐레1, 2 (삼호ETM)
- [개정판] 강경애의 왕! 중급 우쿨렐레 (삼호ETM)

발 행 일	2010년 12월 20일(1판 1쇄)
	2025년 10월 10일(1판 32쇄)
저 자	강경애
발 행 인	김두영
표지디자인	유성아
발 행 처	삼호ETM (http://www.samhomusic.com)
	우편번호 10881
	경기도 파주시 문발로 175
	마케팅기획부 전화 1577-3588 팩스 (031) 955-3599
	콘텐츠기획개발부 전화 (031) 955-3589 팩스 (031) 955-3598
등 록	2009년 2월 12일 제321-2009-00027호
ISBN	978-89-94034-84-3